刘邦逆袭之王

李金海 著

北方联合出版传媒(集团)股份有限公司

万卷出版有限责任公司

图书在版编目（CIP）数据

刘邦：逆袭之王 / 李金海著. — 沈阳：万卷出版
有限责任公司，2023.6

ISBN 978-7-5470-6242-5

Ⅰ. ①刘⋯ Ⅱ. ①李⋯ Ⅲ. ①汉高祖（前256-前
195）—传记 Ⅳ. ①K827=341

中国国家版本馆CIP数据核字（2023）第060735号

出 品 人：王维良

出版发行：北方联合出版传媒（集团）股份有限公司

万卷出版有限责任公司

（地址：沈阳市和平区十一纬路29号　邮编：110003）

印 刷 者：辽宁新华印务有限公司

经 销 者：全国新华书店

幅面尺寸：160mm×230mm

字　　数：220千字

印　　张：17

出版时间：2023年6月第1版

印刷时间：2023年6月第1次印刷

责任编辑：邢茜文

责任校对：张　莹

装帧设计：马婧莎

ISBN 978-7-5470-6242-5

定　　价：42.00元

联系电话：024-23284090

传　　真：024-23284448

|目录|

第一章

成功在中年起步

龙种、侠客、流氓和亭长

公元前256年，秦人出兵灭了周室，东周末代天子周赧王忧愤而死。

从秦襄公立国算起，秦人历三十余代国君，终于取代周室。战国纷争五百年，齐、楚、燕、韩、赵、魏、秦七雄并立，然而经过秦人多年攻战，东方六国，早已奄奄一息，且六国各怀鬼胎，非但不能齐心协力对付秦人，反而争相向秦人割地求和，只图一时的苟延残喘，毫无长久打算。

因此，秦灭六国，一统天下只是早晚之事。

天下争战不休，黎民百姓处在水深火热之中。就在秦灭周这一年（公元前256年）冬月，楚国沛县丰邑中阳里一户刘姓人家，新添一名男婴，排行为季，取名为刘季，他就是后来历史上赫赫有名的汉高帝刘邦。

刘邦的父母没有留下名字，后世只能按照当时习惯称他们为刘太公、刘媪，也就是刘大爷、刘老太的意思。

刘太公长子刘伯早逝，老二刘仲（名喜），为人忠厚老实，善于勤俭持家，老两口对他很满意。老刘家之所以能在乱世年间艰难维系着生计，与刘仲的勤劳吃苦分不开。

中国历史上有个传统，大凡每个王朝的开国帝王，都免不了在史书中大肆神化一番，使他们头上笼罩上一层神秘光环，显得与凡夫俗子不同，以此表明，帝王们是奉天命降临凡间，他们的帝位是上苍授予的，任何人都不得违背和质疑，否则就是违抗天命，会受到天谴。

刘邦亦未能免俗，在史书中就记载不少关于他的神奇事迹，最离奇的，还要数他是龙之子的传说。据说，在刘邦出生前，有一次刘媪外出，眼看天色将暗，大风骤起，一场暴风雨就要来临，刘太公在家迟迟不见老伴归来，焦急万分，情急之下，决定亲自出门探个究竟。

刘太公顶着大风前行，步履蹒跚，每一步都分外艰难，等他赶到离家不远处的一处大沼泽地时，已是电闪雷鸣，风雨交加。令刘太公诧异的是，在大泽畔的半山处，刘媪竟然在暴风骤雨中酣然入睡，毫无知觉，更让他瞠目结舌的是，一条蛟龙正伏在老伴身上。刘太公又惊又吓，一时不知所措，又不敢上前，只得远远站着，眼睁睁看着眼前发生的一幕。

好在没过多久，云散雨消，蛟龙也不见了踪影，刘太公才上前唤醒刘媪，搀起老伴，老两口相互扶持返回家中。一路上，刘太公问起刚才发生的事，谁知老伴却一脸茫然，浑然不知。

回家后不久，刘媪便有了身孕，再后来生下了刘邦。

这桩看似民间志怪的逸事，却堂而皇之地记载在一贯以严谨著称的《史记》中，究其原因，无外乎是为了证明刘邦生来就不凡，是命中注定的真龙天子！

其实，这种骗人的鬼话，糊弄一下愚夫愚妇尚可，但凡稍有思考能力之人，没几个会当真。

而实际情况是，刘邦的出生，对老刘家来说，谈不上是多大喜事，反而使得本就不宽裕的日子，更加窘迫了。

时光流逝，眼瞅着儿子们一天天长大，刘太公心情五味杂陈，儿子们性格迥异，可谓天壤之别。刘仲吃苦肯干，乡邻们提起刘家老二无不交口称赞，反观刘邦，整日跟一帮狐朋狗友厮混在一起，吃肉喝酒，好吃懒做，游手好闲，一副流氓无赖样子。

真所谓骡马比脚力，男儿拼能耐，无对比无差别，刘太公对刘仲看在眼里，喜在心头，再看看刘邦那副没心没肺的嘴脸，气就不打一处来。

只是，他除了生气，实在拿刘邦没办法。

刘邦虽说为人无赖，但模样倒也不差，鼻梁挺拔，五官方正，也算是相貌堂堂了。只可惜，再好的皮相，也掩盖不了肤浅的灵魂。

客观地说，刘太公并非一开始就厌弃刘邦这个儿子，天下父母之心都一样，哪个不想自家孩子能够出人头地，活出个人样来。

刘太公早就察觉出，刘邦这小子是个不省心的主儿，自家那几亩地是拢不住这匹野马的，与其给他戴上笼头，强按在田间地头，还不如让他去读书识字，说不定还能混出个名头来。

知识改变命运，这是亘古不变的真理，身为农家子弟，想从底层击穿自家命运天花板，读书从来就是为数不多的一个选项。在任何时代，读书人总是有碗饭吃。相比土里刨食，知识分子的生活，肯定要体面得多。

刘邦出生那天，中阳里有家卢姓人家，也生了儿子，取名卢绾。两家人觉得有缘，相互走动很勤，刘邦和卢绾自小非常亲密，不是兄弟，胜似兄弟。

刘太公主动提出，让两个孩子一起去读书，卢家人非常赞同，送刘邦和卢绾一起去上学。不过，没过多少时日，刘太公就失望了，他发现，儿子的心思根本不在读书上，日子久了，刘太公心也乏了，也懒得管束这个不成器的儿子，干脆由着他胡闹去。

整个中阳里，都知道老刘家出了个流氓无赖，老实巴交了大半辈子的刘太公，在乡邻眼里活成了一个笑话。

只是，无论刘太公还是乡邻，看到的都是刘邦的表面，其实，他们没有一个人真正懂得刘邦的内心世界。

刘邦看似颇有无赖劲儿，其实并非完全没有追求、没有理想，只是周围的人，根本不愿意认真去了解他。

刘邦每天的生活在喧嚣中度过，而他心中敬慕的人，却是一群内心孤独的人，这类人在历史上有个独特的称呼——游侠。

历史上真实存在的游侠，并非像武侠小说中那样武功超群和不食人间烟火，恰恰相反，历史上的游侠，不一定飘零江湖，也不见得都是身怀绝技的剑客。他们中的不少人，身居高位，对武术之类一窍不通，但这并不妨碍他们成为万众敬仰的侠者，因为他们身上有着敢于挑战强者、不畏强暴、仗义疏财等可贵的品质。所以，像游走诸侯，重信守诺，不惜性命，敢于仗剑挺身而出之人是侠，同样，像魏信陵君魏无忌、赵平原君赵胜、齐孟尝君田文、楚春申君黄歇等"战国四公子"，也可以称为侠。

尤其是信陵君魏无忌，以礼贤下士名扬天下。大梁一名看守城门的小吏，年已七十，名叫侯嬴，魏无忌听闻他素有贤名，便去拜望。侯嬴有位朋友叫朱亥，很有本事，在闲谈时，侯嬴向魏无忌推荐了他。待到秦国攻打赵国时，魏王对秦心存畏惧，踌躇不前，信陵君窃符救赵。事后，侯嬴以死相报，其间，朱亥因击杀魏大将晋鄙而死。

沛县丰邑地处魏楚交界地带，刘邦成人时，信陵君早已去世，但信陵君和他门客的故事依旧广为传颂，可谓妇孺皆知。

刘邦对信陵君非常敬佩，觉得做人就要做信陵君一般的大丈夫、真豪杰！

魏国外黄（今河南商丘民权县）人张耳曾是信陵君的门客。外黄当地有位孀居的富家小姐，其父觉得张耳非同寻常，遂将女儿嫁给了他。通过婚姻，张耳身价倍增，有了大量钱财后，开始广泛结交能人异士，在江湖上，逐渐积攒了些名气。

听到张耳之名后，刘邦便去拜访，两人特别谈得来，在一起混了好几个月。在这些日子里，从张耳口中，刘邦了解了信陵君的许多事迹，也长了不少见识，有了这番经历后，他待人接物的方式和眼界，自是与以前大不相同了。

估计刘邦也没料到，在他后半辈子，和张耳还有很多交集，他们的事将会在后文中一一提到。至于他对信陵君的仰慕，则始终如一。许多年后，已是帝王之尊的刘邦路过大梁，特意到信陵君墓前致祭，还划拨五户人家守坟，世代奉祀不绝。

信陵君对刘邦产生了深远的影响。偶像的力量是无穷的，终其一生，在刘邦身上，都可看出信陵君的影子，比如洒脱大度、卓荦不羁、任人唯贤等。

只是人终究会长大，不可能永远停留在偶像的光环中，梦想到底是梦想，随着战国时代的一去不复返，刘邦终究没有活成他向往的模样。

理想虽美好，但现实很残酷，寻常百姓人家的日子，从来容不下诗情画意和快意恩仇。

在刘邦从幼年到青年之际，西方的大秦铁骑正以摧枯拉朽之势横扫六国，一统天下。刘邦的母国楚国，沦为崭新大秦帝国治下的郡县，而刘邦，成为帝国万千蝼蚁般黔首中的一分子。

信陵君和他的时代早已在秦人的铁蹄中云消雾散，同时，刘邦的游侠梦也被彻底粉碎，梦破灭了，但日子还要过下去。

在后来的时光中，刘邦被推举为泗水亭长。

秦制十里设一亭，设置亭长一名。亭长负责地方治安，缉拿盗贼等，还要兼管徭役等民事。

天下人本以为统一后，世上再无征战，自此可以男耕女织、安居乐业了。然而，秦统一后，民众的负担比以前更重了，交不完的苛捐杂税，看不到头的繁重劳役。

秦人奉行的是商鞅变法以来的耕战制度。帝国境内的民众，只有两条路可走，要么留在田里老实种地，要么扛起武器去打仗，没有第三条道路可选择。

大秦律令缜密，要做官吏，不识文断字肯定不行，在中阳里这种小地方有文化的人不多。刘邦读书不多，但也只能矮子堆里拔将军，勉为其难了。

刘邦这份工作，职责主要包括以下几个方面：

首先，要维持好辖区内的治安，一旦发现有类似游侠、纵横家等身份可疑、来历不明之人，必须盘查审问。若有作案嫌疑，必须缉拿归案，否则，亭长受到株连同罪。

其次，为朝廷催缴税，不论是货币税，还是实物税，一样都不能少。

再次，征集民夫也是亭长的重要职责。筑长城、修驰道、建陵寝等一系列超大工程，需要无数劳力，起初秦廷主要调集刑徒，可如此多的工程同时开建，刑徒根本不够用，唯有大量征集民夫了。

乡里乡亲都是熟人，抬头不见低头见，凡面慈心软之人，都干不了亭长这份差使。

刘邦虽是泗水亭的主事者，但有朝廷编制的，就亭长一人而已，至于你人手够不够，那不是朝廷关心的事，若需要招聘个助手，自己去掏腰包，朝廷不买单。

泗水亭不大，但烦琐事不少，朝廷差事要办好，乡邻纠纷要调解，事都压在刘邦一人身上。大秦律令虽然很完备，但具体执行过程中，还需相机行事，灵活把握，否则根本没法办好差。

刘邦平常看似油腔滑调，没个正经样子，一天吊儿郎当，跟市井无赖一般，要论本事，也看不出有何过人之处，但这泗水亭长干得还不错。他究竟是如何做到的呢？

兄弟、情人和爱情

刘邦为人缺点很多，但并非一无是处，他也有不少优点，比如为人大度，爱交朋友，人缘还不错。泗水亭面积不大，但地方上鱼龙混杂，各色人等都有，想要顺利展开工作，没几个人帮衬，是绝对不行的。

刘邦之所以在泗水亭亭长位子上一干就是好几年，离不开一帮死党朋友支持，其中樊哙、周勃、王陵等人陪他走过了大半辈子，他们之间的恩怨，后文会详细提及，现简单介绍一下这几个人。

樊哙是个屠户，以杀狗为生。先秦时期，食用狗肉是一种普遍现象，在社会上有不少人以屠狗为业，譬如战国时著名刺客荆轲滞留燕国期间，就与一名狗屠交往甚密。

周勃出身贫寒，靠给乡邻编织养蚕箩筐之类器物糊口，闲暇时间，若遇到有人家出殡，兼做丧礼鼓吹手。周勃从小练武，弓马娴熟，力气很大，能拉开硬弓。在刘邦一帮朋友中，就数他身手最好。

卢绾既是刘邦的发小，还是同窗好友，虽然人很平庸，没有特别出色的本领，但人心肠很不错，所以是刘邦最铁的兄弟。

除了这三位好友外，由于工作关系，刘邦少不了与沛县衙署的官吏打交道。朝廷每有摊丁、纳税、徭役等差事下达，最后都要由亭长具体执行，安排到每家每户。一来二去，刘邦在沛县衙门也算是混了个熟脸，跟主吏掾萧何、狱掾曹参、厩司御夏侯婴关系还不错。

具体来说，萧何主管行政人事、曹参负责刑狱、夏侯婴管理后勤车马之类，相对于樊哙等人，萧何、曹参跟刘邦就属于单纯职场之谊了。刘邦替他们跑腿办事，萧何、曹参在刘邦工作遇到难题时，偶尔帮忙遮掩一下，彼此谈不上有多深感情，就是互相帮衬，维系着平淡而又真实的袍谊罢了。

沛县有一大户人家，家主叫作王陵，为人耿直，刘邦对他也颇有好感，非常想和他交朋友。路上遇到王陵，老远就迎上去，亲切地"大哥长大哥短"地叫个不停，一心想套近乎。只可惜，王陵不大瞧得起刘邦那副无赖德行，一直对他爱理不理，所以多年下来，都是刘邦剃头挑子——一头热而已。刘邦万万没想到的是，就是这位冷面王陵，多年后为了他的父母妻儿，永远失去了自己的母亲。

以上就是刘邦的主要社交圈，接下来谈谈刘邦的自家兄弟们。刘邦有两位同母哥哥，还有一位异母弟弟。

大哥刘伯早死，大嫂带着儿子刘信单独过日子。刘邦生平爱交朋友，免不了时常带着一帮朋友去大嫂家蹭饭。大嫂一个妇道人家维持生计，养活儿子本来就很不容易，日子过得紧巴巴的，哪里经得起小叔子隔三岔五带一拨吃货兄弟上门打秋风，次数多了，就有点受不了。

有一次，刘邦又踩着饭点儿上门了，身后领着一帮朋友。大嫂一看，脸就黑了，一言不发扭头就进了厨房。刘邦和兄弟们大刺刺坐在桌前，只等嫂子端饭上桌，此时忽然听得厨房传来叮叮当当刮锅的声音，等于明白告诉他们——锅里没饭了。众人顿时明白怎么回事了，自感无趣，纷纷离去。刘邦脸上无光，心中有些纳闷儿，往常都是有饭的，怎么今天突然就没饭了？不由得起了疑心。趁着嫂子不注意，他偷偷溜进厨房，掀开锅盖一看，发现锅里竟然还有半锅热腾腾的羹汤，马上就懂了，嫂子这是不乐意了。自此以后，刘邦再也没登过大哥家门。

很多年以后，刘邦已经做了皇帝，但心头那口怨气仍旧无法释怀，有意冷落大嫂一家子，晾在一旁不理不睬。刘太公有些看不下去了，在旁边提醒他："怎么你当了皇帝，就不管自家兄弟了？"刘邦气呼呼地说："我没忘！只是当初大嫂实在不像话，我咽不下这口气！"气话归气话，后来刘邦还是封侄子刘信为羹颉侯。颉，是克扣之意，刘邦将这么一个具有讽刺意味的封爵赏给侄子，说明那锅羹汤带给他的羞辱，终其一生没有放下。

至于二哥刘仲（又名刘喜），为人老实巴交，善于勤俭持家，踏实务农，兄弟几个数他最得刘太公喜爱。刘邦称帝后，封他到北部边境做代王，不过，没多久，匈奴入侵。刘仲种庄稼在行，可打仗不是他的强项，吓得他一溜烟跑了回来，被贬为郃阳侯。

与这两位一奶同胞的兄长相比，反倒是异母兄弟刘交，与刘邦关系一直比较亲密，可谓手足情深。

刘交从小勤奋好学，喜欢读书，少年时期曾与穆生、白生、申公一起，跟荀子大师的学生浮丘伯学习《诗经》。

在刘邦的一生中，无论春风得意之际，还是困惑蹉跎之时，刘交一直陪伴在兄长身边，不离不弃。就算是刘邦称帝后，刘交被封为楚王，依旧能够自由出入皇帝卧室，根本不需别人传话。

刘交就国后，再次召集穆生、白生、申公等往日同窗，研究《诗》《书》等古籍，亲自为《诗》作注释，后世称之为《元王诗》（刘交谥号为楚元王），为文化传承和整理作出了巨大贡献。

与刘交相比，刘邦喜好就显得有些低俗，他生平有两大爱好——酒与女人，两大讨厌——儒生和读书。

刘邦虽说是个亭长，但收入微薄，根本不够他花销，到处赊账喝酒吃肉，加上在街坊邻居间口碑也不大好，谁家姑娘愿意跳火坑嫁他？故而四十多岁了，还是光棍一条。

单身汉的日子很煎熬，他私下跟一位姓曹的寡妇偷偷厮混在一起，一来二去，还生下一个儿子来，取名叫刘肥。只是这样非婚生子，他是不敢领回家的，直到许多年后才敢承认。

估摸刘邦从内心中，还是很感激曹寡妇给他温柔，两人虽然终究未能正大光明走到一起，但感情应该还是很不错。对刘肥母子他怀有愧疚之情，或许是为了弥补，他称帝后，将齐国七十余城封给了刘肥。

而刘邦生命中最重要的女人，在他四十多岁后才出现，他的后半生注定要和她一起度过，他们相爱相恨，在恩怨情仇中走过了十几年。她的名字叫吕雉。

吕雉的出现，完全是个意外。

吕家本在砀郡单父县（今山东省单县），不知何故，惹了仇家，无奈之下，搬家到沛县避难。好在吕雉父亲吕公（姓名不详）与沛县县令交情不错，安家落户不成问题，有老友庇护，也就可以安心在沛县落脚了。

吕公膝下两子两女，长子吕泽，次子吕释之，长女吕雉，次女吕媭。

依照秦律，百姓不得随意迁徙，虽说有县令撑腰，可到了别人地面，想要站稳脚跟，还需得与本地头面人物搞好关系才行。好在吕公家资颇丰，搞公关自是不成问题。

到了沛县没多久，吕公就在家中设宴，广邀县衙官吏、地方绅士等人物过府赴宴。当然，刘邦不在邀请之列，因为他身价不够。

吕府早就传出话来，吕公宴席不是谁都可以参加的，想出席宴会，先交份子钱，而且明码标价，越近主人席位价码越高。吕公特邀请萧何主持宴会，萧何代表主人翁宣布，份子钱不够一千只能坐在廊下，超过一千才能登堂入室。

吕家设宴当日，门前人声鼎沸，有不少是赶来赴宴的本地头面人物，更多的是凑热闹的围观群众。就在此时，刘邦也冒了出来。他素来爱蹭吃蹭喝，如此大好机会岂能错过。听门口有人报贺礼数目，刘邦一边使劲往前挤，一边大声吆喝道："泗水亭刘季愿出一万！"

四周之人闻声一片哗然，回头看到是刘邦大喊，都大笑起来。谁都知道刘邦底细，兜里估计翻不出几枚铜钱来，就会说大话，便当下让出一条道来，就等看刘邦的笑话。

　　刘邦却丝毫不在意众人嘲讽的眼神，大步进入吕府，快速穿堂过户，径自入席位，对在座之人仿若视而不见，只顾自己埋头大吃大喝起来。吕公初来乍到，不了解刘邦具体情况，看他一副胸有成竹模样，不敢怠慢，于是殷勤招待。不过，萧何对刘邦却一清二楚，就对吕公实话实说："刘季这小子爱吹牛，好说大话，您可切莫当真。"吕公却似乎没有听进去，反而仔细端详起刘邦来，觉得眼前之人虽吃相难看，但眉宇间颇有一股英气，不觉对他有了几分好感。

　　宴会结束，客人散去后，他单独让刘邦留了下来。刘邦脸皮虽厚，但一时搞不清吕公用意，多少有点忐忑不安。吕公似乎从刘邦脸上察觉什么密码一般，露出了满意的笑容："我阅人无数，可像你如此相貌之人，却是生平未见。我有一个女儿，若不嫌弃，愿嫁给你为妻。"

　　刘邦一听，又惊又喜，几乎有点不相信自己的耳朵。他就是抱着蹭吃蹭喝念头而来，本以为被人识破，准备挨吕公训斥，没承想还遇到这等好事！

　　原来吕公举办宴会，除想结识沛县上层阶级外，另有为女儿物色郎君之目的。

　　刘邦大喜过望，当然求之不得，立刻回去张罗亲事。

　　可吕夫人很不乐意，吕公和刘邦谈话时，她就躲在帷帐后偷听，将两人交谈内容听得一清二楚。刘邦走后，吕夫人走出来，满脸不高兴，埋怨吕公说："沛县县令来给咱家女儿提亲，你都没有答应，说要把女儿嫁入富贵人家，没料到却将女儿嫁给刘季，真不知你心里咋想的？！"当娘的心都一样，盼望女儿嫁个好人家，一生平平安安，安生过日子。吕公也不解释，只是平淡回答道："这不是你们妇人家能理解的。"

到头来，吕公不顾老婆劝阻，将吕雉嫁给了刘邦。时年吕雉不到二十，而刘邦已是四十又二。

吕公为何要将女儿嫁给又老又穷，且劣迹斑斑、声誉很差的刘邦，自始至终就是个谜团。若说单看面相就能料定刘邦将来大富大贵，别说老伴不信，估计他连自己都说服不了。

让人想不通的是，吕公将二女儿吕媭嫁给了狗屠樊哙。一双女儿，一个嫁了市井无赖，一个嫁了狗屠，实在看不出吕公善于相面的本领在哪里。

以吕公的家境，为何接连做出如此违反常理之事，背后估计有难以道明的苦衷，至于真相是什么，我们永远不得而知了。或许是以吕公的智慧，感觉到强大的大秦已是危机四伏，将女儿嫁给平凡人家，也是一种自我保全之策吧。

刘邦将吕雉娶过门后，没出几年，吕雉为他生下一双儿女。都是有家室之人了，但他死性不改，整天不务正业，四处游荡，家庭重担都压在吕雉身上。吕雉既要操劳家务，又要在田间地头劳碌，年复一年，生活重压之下，昔日吕府大小姐变成了一位憔悴村妇。有一天，吕雉正在地里汗流浃背地锄草，有位老人路过，在地垄头，冲她讨水喝。喝完水后老人放下碗，端详了吕雉一阵说："夫人天生富贵相，将来定会大富大贵。"

人在绝望中，哪怕是别人一句善意的安慰，也会感到很温暖。依照自己目前处境，吕雉实在不敢相信，将来还会有富贵的一天，算了，还是将希望寄托在孩子们身上吧，便让老人瞧瞧儿子刘盈。老人笑盈盈地说："你的富贵正是来自你儿子。"当娘的最高兴之事，就是听到有人夸赞自家儿子未来有出息，吕雉又让老人为女儿看相。老人看后频频点头说："你的女儿将来同样富贵无比。"

丈夫是指望不上了，儿女就是吕雉生活的全部，也是她能够咬牙活下去的动力。听完老人一席话，吕雉顿时对未来充满了希望，只要儿女健康成长，自个儿再苦再累也值得了。

老人离去不长时间，刘邦出现了。吕雉今天心情不错，把刚才老人讲的话，讲给他听。刘邦听闻老婆孩子将来命不错，也很想知道自己命运如何，当即去追赶老人。老人家毕竟年纪大了，腿脚不利索，很快被刘邦撵上了。他拽住老人说："听说我老婆孩子有富贵之相，劳烦你给我也看看面相。"老人仔细看了一番刘邦面庞，然后说："尊夫人和孩子的富贵源自您，至于您将来的富贵无法用语言来形容。"

将来之事是否会应验，且先不去管它，听闻相面老人的话，刘邦也颇感欢喜，美滋滋地回去了。很多年后，诚如老人所言，刘邦大富大贵了，他想去找当年那位老人，以表谢意，可终究没有找到。

咸阳道、英雄志、天子气和逃亡岁月

正当刘邦在老家厮混之时，突然接到沛县县令的一道命令，让他押解一批民夫走一趟咸阳。

大秦帝国的疆土有多辽阔，始皇帝的雄心就有多大。这些年来，为了修长城、修驰道、修阿房宫，地方上成年男子几乎被征发完了，但各处建设工地民夫缺口依然巨大，尤其是修建骊山陵墓刑徒由于人数不足，致使工期严重滞后，惹得始皇帝非常恼怒，要求全国各郡县尽快往咸阳送人，要是延误了时日，秦法是问。

沛县接到朝廷命令后，将老人及未成年男性都征集了，才勉强凑够人数。刘邦作为亭长，押解着大家上路了。

从沛县中阳里已经送了好多批成年壮丁了。但数年下来，只见人走，从未见归来，所以在乡邻们眼中走咸阳道与走鬼门关差不多了。

送别场面愁云惨淡，人们一个个凄凄惨惨，老翁拄杖顿足，幼稚牵衣号哭，一片惨不忍睹。大家都明白，此次分别就是生离死别，与亲人们再无重逢之日。

吕雉牵着一双儿女，在送行的人群中，望着丈夫背影渐行渐远。

就算刘邦不顾家，但屋里有个男人，她心里总觉得还是比较踏实，可如今他也走了，吕雉觉得天快塌了下来。她心中唯有默默向神明祈祷，希望丈夫能活着回来。但她不会料到，这一别后，他们夫妇二人的人生轨迹将发生天翻地覆的变化，待他们再次重逢时，已无法回到从前了。

再说刘邦，带着众人告别故乡，一路向西，还没走多远，就发现有人偷偷跑了。

刚开始还是零星逃走，后来干脆三五成群跑了，刘邦根本看不住了。照这样，恐怕还没到咸阳，人都跑完了，到时候刘邦也难逃一死。

去咸阳是死路一条，逃亡也是一死，反正横竖一死，还不如豁出去了，做个顺水人情。

等到了丰县西部的泽中亭，夜幕时分，刘邦让大家停下来歇脚，拿出随身携带的酒和大伙儿一起喝，喝完酒后，他说："各位就此各奔前程，逃命去吧，我也自找活路去了。"多数人听后一哄而散，但也有二三十人觉得刘邦仗义，与其作鸟兽散，还不如抱团跟着他，人多力量大，总比一个人逃亡安全一些。

只是当地不安全，必须趁着夜色转移到安全地带才行。夜间行路，方向感很差，不知不觉就迷了路，无意间闯入了一片沼泽地。刘邦喝了酒，夜风一吹，开始有些迷糊了，脚下轻飘飘，走路也有些摇摇晃晃，忽然听到前方有人惊叫，不由得吓出了一身冷汗，酒也醒了一半。刘邦起初以为遇到了巡捕官兵，下意识拔出剑准备拼命，等他冲到前面时，根本没有追兵影子，原来是一条巨大的白蛇拦在道路中间，挡住了去路。现在已是亡命天涯了，只要不撞到秦兵，别说是大蛇，就是遭遇虎豹猛兽，刘邦也顾不得害怕了。他趁着尚有几分酒意，上前将白蛇斩杀为两段，然后和众人一起继续前行。

传闻此后不久，有人在路边遇到一位老婆婆在哭诉："我儿子是白帝之子，由于挡道，被赤帝儿子给杀了。"话刚说完，老婆婆就消失不见了。

这一看就是为了笼络人心编造的故事，借此神化刘邦，好让大伙儿死心塌地跟着刘邦走。这种浅显易懂的故事，没有什么含金量，但对普通乡下目不识丁的百姓还是挺有号召力的。刘邦斩杀白帝之子的故事传开后，大家再看刘邦，发现他似乎真的与常人有些不一样。

为了躲避官府缉拿，刘邦带领大家一头扎进芒砀山，在深谷密林里游荡。有一些沛县周围年轻人听说刘邦的情况后，认为在家里待着，迟早会被抓走当苦役，与其死在外面沦为孤魂野鬼，还不如流落山野算了，所以结伴逃出家门，悄悄来投奔刘邦。

不知不觉间，刘邦手下已有了一支百十来人的队伍，他们不敢抛头露面，只得暂且躲在山中，过着半饥半饱的生活。只是时间久了，长期困在山林中也不是个办法，便偷偷派人回老家打探消息。

过了一阵子，派出去的人回来了，说刘邦出逃后，亏得有萧何、曹参在中间周旋，家人暂时没受牵连。

刘邦逃亡后，就与吕雉失去联系。丈夫生死不明，吕雉焦急万分，后听说还活着，自然非常高兴，与传信人取得联系后，时不时给刘邦捎点衣服和口粮。

时间长了，邻居们也多少听说到了，大家都很诧异，芒砀山那么大，吕雉一个妇道人家，是怎么找到的？内情绝对不能说出去，于是吕雉谎称刘邦头顶上方总萦绕着一股云气，她是按照云气找到的。刘邦斩白蛇的传闻已经有些神乎其神了，听吕雉这么一说，街坊们也就信了七八分，越发认为刘邦这小子看来真的非凡人哪。

不知是否是巧合，此时咸阳城内也流传一种说法，在帝国东南一带出现了王者云气，甚至传到了始皇帝耳中。

在这之后，各种诡异的事接连发生。

秦始皇帝三十六年（公元前211年），夜空中出现了荧惑守心天文异象。在我国古代天文学中，荧惑指火星，心宿又称商宿、商星，为二十八宿之一，主要分布在天蝎座（由三颗星组成），荧惑守心即火星停留在了天蝎座。

在古人眼中，火星乃不祥之兆，心宿是帝王象征，火星侵入心宿，意味着帝王将有灾祸降临。果不其然，荧惑守心天象发生不久后，一块巨大陨石从天而降，落在东郡地界。

陨石降落时产生了巨大声响，强烈刺眼的白光照亮了半个夜空，落地后还引发了一场火灾，周围百姓们震惊不已，纷纷跑去看个究竟。陨石着陆时，将地面砸出一个大坑，陨石表面上赫然刻着一行字"始皇帝死而地分"。

在科学知识落后的古代，愚昧迷信思想支配着大多数人的头脑，天降陨石本来就令人觉得不祥，何况上面还有一行诡异文字。于是，各种谣言不胫而走——只要始皇帝一死，大秦帝国立刻会分崩离析。

很明显，是有人在暗中蛊惑人心。

始皇帝下令彻查此事，命御史在陨石坠落之地周围，挨家挨户地搜查，看看究竟是谁暗中捣鬼，可是直到最后，也没查出是谁干的。始皇帝震怒之下，下令将陨石降落之地四周百姓全都处死，然后毁掉那块陨石。

陨石事件同年秋天，又发生了一件怪事。

有位朝廷使者走夜路，路过华阴时，朦胧间看到有个身影站在路中间，拦住他的去路，并说："替我将它送给滈池君，今年祖龙死。"影子冲使者说了一句莫名其妙的话，使者想要进一步问个究竟，影子却消失在茫茫夜色中，唯见地上留下一块青色玉璧。使者回到咸阳后，向始皇帝献上玉璧，如实汇报了事情经过。始皇帝看了一眼，竟然是自己投掷到大河之中的玉璧！

多年前，始皇帝乘船渡河之际，遭遇风浪，眼看要翻船，情急之下，将一块玉璧抛到水中，祈祷河神庇护。没多久，滔天浊浪消失了，河面恢复了平静，始皇帝得以平安渡河。

那次惊心动魄的经历，纵然时隔多年，现在回忆起来，他还心有余悸，如今玉璧被送回来，难道河神不打算再庇佑自己了？

一种不祥的预感涌上始皇帝心头，但这些话又不能给旁人说，所以只好故作平淡地回答使者道："祖龙大概是以前的祖先吧！"

不过，始皇帝自恃拥有至高无上的权力，就算是鬼神，又能奈之若何？

秦始皇帝二十八年（公元前219年），始皇帝东巡，过淮河，经衡山、南郡，然后乘船顺江而下，至湘山祠。恰好逢到大风，以至于没法渡河，他认为是鬼神作祟，于是问随行博士："湘山之神是谁？"博士回答说："听说是尧的女儿娥皇、女英，她们后来嫁给了舜帝，舜帝南巡死于苍梧，姐妹俩追随至湘水之滨而死，被当地人奉为湘水之神。"始皇帝闻言大怒，下令征发三千囚犯，将湘山之树全砍光，连地表都给掀了，直到裸露出红色沙石层为止。

不过，那次东巡返回后，始皇帝觉得身体时好时坏，一天不如一天。大秦帝国统一海内才不过十余年，看似很强大，实则危机四伏，对于这一点，他心中很清楚。

他可以征服六国，却赢不过时间。虽然他现在年不过五十，但很明显感到身体在加速衰老，决不能就这样留在咸阳宫中等死！

秦始皇帝三十七年（公元前210年），始皇帝决定再次出巡。

可是，他没料到，这将是他一生中最后一次出巡，再也没回来。

第二章

帝国死于青春期

烧书、活埋和长生药

大秦统一天下后，算上这一次，始皇帝先后进行了三次东巡。

始皇帝之所以频频出巡，是因为他知道，大秦虽然完成了九州一统，然而帝国基础依然很薄弱，六国残余势力尚未完全根除，他们不甘心失败，只要一有机会，必然会反扑。

这是一场长期较量，短期内无法终结。

始皇帝喜欢微服出访，有一次他夜游，在前往兰池宫半道上，遭遇到一群不明身份的武装分子刺杀。好在安全防护措施得当，刺客们并未得手，但也未抓住活口，刺客们得以全身而退。

始皇帝没有被刺杀行动吓倒，一如既往地出巡。

从西至鸡头山（今甘肃庆阳境内）之巅，东至大海之滨，皆留下他的影子，他就是要用实际行动告诉他们，无人能阻止他的步伐，并告诫那些潜在的不安分分子不要轻举妄动，想通过暗杀颠覆大秦，纯属痴心妄想！

灭六国之后，为了消除内忧外患，确保大秦江山千秋万载，始皇帝采取了一系列措施。具体来说：对外打击匈奴，对内加强统一。

匈奴人生活在中原北方的大漠草原，以游牧为生，逐水草而居，崛起于战国之时，不断侵扰沿边燕、赵两国，毁坏村郭，劫掠财物和人口。

秦灭六国之初，无暇北顾之际，匈奴趁机南下，占领了水草丰美的河套地区。

统一天下战争的硝烟尚未散去，始皇帝就命令大将蒙恬率领三十万大秦铁骑北上驱逐匈奴。

虽说匈奴人很强悍，可哪是久经战斗锤炼的大秦铁骑对手，很快被逐出河套，被迫后撤三百里，远遁大漠，以避秦兵锋芒。

平定外患不易，消除内忧更难。

春秋战国以来，天下纷扰，争战不休，经过漫长五百年岁月，各诸侯无论政治制度，还是文化习俗，早已相去甚远，走上了完全不同的道路。

秦可以依仗强大军事力量用暴力手段征服六国，但没法弥合人心，五百年乱世带来的历史惯性足够深远，很难短期内消除。

大秦帝国开创的事业是前无古人的。始皇帝以为，他的功业是夏禹、商汤、周武这些三代圣王无法相比的，他自视可以超越传说中的三皇五帝，所以独创了皇帝制度。

兼并天下容易，统一思想却很难。

在统一之初，始皇帝命令廷尉李斯等人在周秦文字基础上，删繁就简，创立了一套新的文字，在全国范围内推广，后世称之为秦小篆。与此同时，秦廷颁布命令，要求书同文、车同轨，度量衡天下如一。如果说在文化制度方面推行改革措施尚未遇到太大阻力，那么，在国家政治制度上，争议则很大。

大秦统一后，国体究竟采用什么制度，朝堂上分为两派：一派主张采用分封制，一派主张采用郡县制。前者以博士淳于越等为代表，后者以廷尉李斯为首。

淳于越为儒学大家，以恢复三代典章为己任，是为理想派。

李斯是法家之士，认为国家制度当与时俱进，是为务实派。

儒士们虽然在秦廷并不掌握实权，但他们隐隐然已经赢得了皇长子扶苏的认同。扶苏曾不止一次私下劝谏始皇帝不要一味地迷信严刑峻法，称如今天下初定，人心未稳，掌握社会舆论导向的读书人多推崇孔子儒术，建议始皇帝可以考虑适当地推行仁政。

扶苏的谏言，惹恼了始皇帝，他一怒之下，命他北上到蒙恬军营效力，负责监督修建长城工程。

秦始皇帝三十四年（公元前213年），两派之间的矛盾集中爆发了。

始皇帝于咸阳宫举行盛宴，宴请群臣。仆射周青臣抓住时机，站出来歌功颂德，吹捧始皇帝废除诸侯国，改成郡县制，自此四海之人远离战火，百姓安居乐业，如此丰功伟绩，远远超越了上古以来所有帝王，后世之人将永远颂扬陛下建立的不朽功业，直到千秋万代。

淳于越为人敦厚，认为周青臣身为大臣，提不出建设性意见也就罢了，还当面逢迎皇帝，哪里还有个为人臣的样子！

身为儒学宗师，淳于越念兹在兹的依旧是周初的分封制，对大秦推行郡县制深不以为然，认为最好还是学周武王灭商后那般，将宗亲子弟分封到各地，建立诸侯国屏藩中央，如此天下方能长治久安。

始皇帝对周青臣和淳于越的争议，并没有立即作出决断，而是交由大臣们讨论。

丞相李斯当即站出来反对："五帝的制度不相重复，三代的举措不相因袭，每个时代都有符合当下的办法治国。陛下创立万世功业，岂是腐儒们能理解？现天下安定，法出于陛下，百姓只管安守本分，做好分内之事，读书人只需学习法令即可。可有些人就爱借古讽今、妄议朝廷法度，为了沽名钓誉，不惜在朝野制造反动舆论，若任其蔓延，就会威胁皇帝君威，故臣下建议陛下下令，记载秦朝历史典籍外的书籍一律烧毁。除博士外，天下收藏《诗》《书》、诸子百家著作悉数收缴，限期送到官府烧毁。从今之后，私下谈论《诗》《书》者处死，借古讽今者灭族，官吏知情不报者同罪处置，自命令下达之日起，逾期三十天不烧书者，处以墨刑，发配边关，医药、卜筮、种植等实用性书籍不在禁令之列。"

数年来，对于儒生们在耳边聒噪，始皇帝早就不耐烦了，李斯的建议正中下怀，立刻毫不犹豫地批准了。焚书令颁布后，无数文明典籍被付之一炬，化为灰烬，成为中国历史上一场空前的文化浩劫，造成不可挽回的损失。

帝国初创，始皇帝每天超负荷工作，加上私生活不节制，严重透支了他的身体。他明显感觉到自己身体大不如前了，他现在能做的，就是与时间赛跑。

世间事，从来没有毕功于一役的，秦人用了数百年时间，才终于一统天下。如今，想要海内融为一体，也需要几代人的漫长过程，但始皇帝心情太急迫，他想将所有事在自己手中做好，将天下打理好，然后放心交给后代子孙，他们垂拱而治即可。

始皇帝的心情很矛盾，一方面他觉得是人终究难逃一死，所以在骊山大兴土木，为自己营建身后安息之所；另一方面，他又强烈地渴望永生，因为还有好多事情要去做，时间远远不够。

他招揽了侯生、卢生等一帮方士为他寻找不死药，企图延年益寿、长生不老。为了求药，始皇帝对方士们可谓有求必应，金钱财物花费了不少，可终究毫无所获。谎言终究会掩盖不住的，侯生、卢生等人知道终有一日骗局会败露，便在尚未被发觉之前溜出咸阳，逃之夭夭。

方士们出逃后，还不忘嘲讽一番始皇帝，说他刚愎自用、专权妄为，事无大小都攥在自己手中，就这德行还配求不死药？简直妄想！

始皇帝听闻后，才察觉自己受到了愚弄和欺骗，勃然大怒之下，下令捉拿传播谣言之人，前后共逮捕四百六十余人，悉数活埋坑杀。

不过，无论是刺杀行动，还是谣言，都无法阻止始皇帝巡游的脚步。

这是不见硝烟的生死较量，是双方意志的博弈，也是一个漫漫无期的过程。秦人虽然征服了六国的土地和人民，但很难在短期内征服人心。

战场上刀兵之争，秦人完败六国，但是人心之争，才刚刚开始。

仓鼠、阉人和最后的旅途

始皇帝离京时，正值冬十月。

此次陪同皇帝出巡的有以丞相李斯为首的百官，还有中车府令赵高、皇子胡亥。

李斯本是楚国上蔡人，为儒学大师荀子的高足。算起来，他自楚入秦，已有数十载，作为一介异邦寒士，凭借过人才华和敏捷才思，从客卿做起，坐上丞相高位，位列三公，可谓位极人臣，深得始皇帝信任，凡军国大事都和他一起商议解决。

此次东巡，始皇帝命右丞相冯去疾留守咸阳，却让李斯随行，就是感到离不开李斯。尽管如此，李斯始终觉得如履薄冰，官做得越大，胆子却越小了。

在入秦前，李斯曾是楚国上蔡的一名小吏，偶然间看到老鼠在厕所吃粪便，特别胆怯，听闻人的脚步声，马上四下逃窜；反而在粮仓的老鼠，肆意糟蹋粮食，悠闲自在、胆大妄为，根本不怕人。

李斯从这两种老鼠身上悟透了一个道理，做人如同老鼠，命运是周围环境塑造而成。李斯自认为满腹经纶，但在腐败透顶的楚国官场根本没有出头之日。改变不了环境，那么就离开，另觅出路，李斯下定决心，辞楚投秦。

入秦不久，恰好赶上韩人郑国想用水利工程拖垮秦国的阴谋东窗事发，秦王政一怒之下，下令驱逐六国士人，李斯也遭受池鱼之殃。

心有不甘的李斯，写了一篇文采飞扬的《谏逐客书》打动了秦王，使其取消了逐客令。自此，李斯的命运发生了戏剧性的转变，仕途一帆风顺，昔日上蔡小吏成了大秦丞相，但他的人生格局却没有多大变化，只想做在粮食堆上的硕鼠。他投机钻营，揣摩上意，总能精准地把握始皇帝的心思。

如今的李斯，官拜丞相，儿子皆娶公主，女儿皆嫁皇子，长子李由官拜三川郡守，可谓什么都不缺，但就怕失去皇帝信任。

对于始皇帝迷信，听信方士长生不死的鬼话，李斯不以为然，可富贵权势腐蚀了他的毅力，没了当年劝谏的勇气。

自从听了方士卢生建议后，为了和神仙会面，始皇帝下令将咸阳城周围二百里内宫殿楼台，用天桥、甬道连接到一起，他穿梭其间，行踪飘忽不定，神秘莫测，外人难以得知。不过，他仍有些不放心，传令有人敢透露他的行踪，立刻处死。如此一来，连李斯想见皇帝都很困难了。

朝廷大事都要等皇帝裁决，突然之间见不到皇帝本人，李斯有点蒙了，一时间搞不清皇帝内心到底咋想的。好在身为当朝丞相，想打探一些消息，他还是有办法的。某日李斯得知，始皇帝对他的出行车队太过张扬有点不满，于是赶紧削减随行车辆，以免太显眼。

李斯突然变低调了，始皇帝意识到身边有人给丞相府传递消息，一怒之下，下令将当时在场的人全部处死。事后，李斯胆战心惊了好一阵子，深恐皇帝降罪。好在此事最终不了了之了。

实际上，始皇帝恼怒的是有人透露自己的行踪，至于李斯的车辆仪仗这些，虽有些不快，但也并没太放心上。

对李斯，始皇帝还是信任的，但决不能让臣下随便掌握他的心思，哪怕是李斯也不行。帝王驾驭臣下，就要让他们时刻感到天威难测、君心似海，唯有如此，臣子们才会战战兢兢地为他效劳。

此次东巡，李斯终于有机会和始皇帝见面对问了。

不过，无论是皇帝召见，还是他主动求见奏事，都要经过一个中间人——中车府令赵高。

中车府令执掌皇帝乘舆等日常起居，同时兼职掌管皇帝印玺，多由宦官出任。丞相上报奏疏，皇帝批准后，再由中车府令加盖印玺，方可颁布执行。

赵高本是赵国疏远宗族，赵被秦灭后，举家西入秦。秦法森严，一不小心就犯了法，被判处宫刑，沦为阉人。

赵高博闻强记，精通秦法，又擅长书法，与丞相李斯、太史令胡母敬并列齐名，是秦朝著名的书法三大家。

通过偶然的机会，赵高获得了始皇帝的赏识，让他留在身边侍从左右，一路提拔，直到做到中车府令位子上。中车府令官职不高，权力不大，跟李斯这个丞相相比，根本算不了什么，可作为皇帝身边的贴身宦官，赵高对始皇帝的了解远远胜于李斯，而且他掌管皇帝印玺，隐隐然制衡着相权。

赵高另外还有个身份，就是皇子胡亥的老师。

世人皆爱幼子，作为父亲的始皇帝也不免俗。在为数众多的子女中，对最小的儿子胡亥更疼爱一些，此次巡行，多数皇子公主皆留在京城，唯独带上胡亥，不难看出始皇帝对他的宠爱。

正因为如此，始皇帝特意让精通律法和擅长翰墨的赵高来教导胡亥，希望他将来担起重任，有所作为。

赵高正是凭借自己特殊的身份，游走于大秦宫廷庙堂之间，一般臣僚对他都不敢小觑。只是，李斯自恃位高权重，自然不会太在意赵高，多年下来，两人也仅仅是面熟而已，谈不上有任何私人交集。

李斯和赵高追随始皇帝离开关中后，车马辚辚一路驶向东南，先进入楚国故地，巡游云梦泽，面向九嶷山遥祭舜帝，然后改乘坐舰船，沿着长江顺流而下，经海渚（今安徽省枞阳一带）和丹阳（今安徽省当涂县西北），抵达钱塘（今浙江省杭州市），而后登陆上岸，赶赴今天的浙江绍兴，在会稽山祭祀大禹，祭祀仪式结束后，命人在会稽山上刻石纪功，炫耀大秦的文治武功。

下会稽山后，始皇帝进入吴县（今江苏省苏州市），吴县街道两侧跪满了人群，黑压压一眼望不到边。

人群中有个年轻人抬起头时，恰好看到始皇帝的车驾从眼前行过。从敞开的车窗望去，皇帝威风凛凛端坐在车舆之上，浑身散发着征服者的傲慢和对他们这些匍匐在黄土中蝼蚁小民的不屑。

年轻人正值血气方刚，顿时一股热血冲头，愤愤然说道："彼可取而代之也！"

年轻人不知天高地厚，觉得始皇帝也不过是血肉之躯，看上去与常人没啥两样，他能做得皇帝，我为何不可！

只是他这一句脱口而出的嘟囔，将一旁的一位老者吓得不轻，立马伸手堵住了他的嘴，低声喝道："你不要命啦，想害死我们全族人啊？"然后一把拽着他离开了现场。

这位年轻人名叫项羽（名籍，字羽），老者是他的叔叔项梁。项氏叔侄是楚国名将项燕后裔。楚国被秦所灭后，项梁、项伯、项羽叔侄三人改姓换名，逃到吴县，潜伏起来。他们发誓，一定要光复故国，为祖先雪耻。这些年来，叔侄三人流窜各地，暗中结交能人志士，蓄积力量。

经历亡国灭族的项梁知道单凭目前实力，必须要忍常人不能忍，方有一线希望，贸然行动无疑是飞蛾扑火，自寻死路。令他烦恼的是，项羽脾气火暴，做事缺乏耐性，读书学剑都很难做到持之以恒。楚人血性刚烈，可又能如何，匹夫之勇能抵得过大秦铁骑吗？

现在唯一能做的就是等待，静静等待时机的到来。只待时机成熟，天下有变后，方能举兵反秦。

始皇帝离开吴县后，从江乘县渡江北上，进入齐地琅琊郡，他接见了方士徐福，给他配备了船队和生活用品，还有不少童男童女，送他出海。

可惜的是，徐福出海后，再也没有回来，他带领船队到底去了哪里，无人知道，始皇帝最终也没有等来不死药。

始皇帝死了，路又在何方

　　始皇帝结束在齐地巡游后，经平原津（今山东平原县西北一带的古渡口）西返，计划前往原赵国旧地，然而就在途中，身体开始吃不消，病情加重了。

　　始皇帝童年是在赵国邯郸度过的。作为秦国的人质，那段岁月给他心灵上留下了终生难以抹去的创伤，身体上也留下各种隐疾。大梁人尉缭与始皇帝有过一次会面，事后对外人说他"蜂准、长目、挚鸟膺、豺声"，也就是说始皇帝患有严重的哮喘和鸡胸（估计是胸膜炎这类疾病导致的肋骨畸形）。

　　始皇帝为人刚愎自用，患病后，非常忌讳别人跟他提"死"字，总以为自己能够千秋万世，故而，一直拒绝考虑身后事。

　　始皇帝对于扶苏，心中充满了矛盾，一方面他对这位长子寄予厚望，将其作为接班人来培养，另一方面又对他接近儒生很不满。

　　到后来，始皇帝开始预感到自己恐怕时日无多了，便召见李斯，命令速速传诏扶苏回来，等扶苏参加葬礼后，才将自己下葬。作为皇长子，始皇帝葬礼应由扶苏主祭，而后继位，一切顺理成章。

　　为防止发生意外，严密封锁皇帝病危的消息，只有丞相李斯、中车府令赵高、皇子胡亥等几个人知道始皇帝的病况，其他官员都一无所知，全都被蒙在鼓里。

令人感到诡异的是，诏书写完密封完毕，赵高却故意拖着，迟迟没有加盖印玺，诏书一直没有发出去。

至秋七月（公元前210年），始皇帝车驾抵达沙丘宫（今河北广宗一带）。

七月二十日，始皇帝驾崩。

皇帝在外去世的消息一旦传开，必然生乱。为此，李斯决定，应尽快将皇帝遗体运回咸阳，急召扶苏回京继承大统，让帝国最高权力保持有序的交接。就在此时，中车府令赵高前来拜访。李斯和赵高罕有往来，在这非常时期，他突然上门，让李斯多少有些意外。

按照以往，丞相上报皇帝奏疏，经皇帝批准后，赵高都会例行公事加盖印玺。可现如今始皇帝不在了，皇帝印玺掌握在赵高手中，他的权力隐隐凸显出来了，李斯也不敢怠慢。

赵高上门，李斯意识到将有大事发生。

果不其然，赵高提议立胡亥为太子，以稳定人心。

李斯听后，大吃一惊，立刻驳斥道："如此大逆不道之话，是我们做臣子该说的吗？此乃亡国之言啊，陛下生前早已交代好身后事，由皇长子扶苏为继承人，足下岂能生非分之念呢？"

李斯对赵高了解不多，赵高却对他这位丞相揣摩多年，了解李斯的软肋就在于太迷恋权力，根本舍不得放弃目前的权势和地位。人只要有软肋，就好对付！

因此，李斯的诘问，并没有难住他，他反而质问李斯说："请问君侯，无论才能、谋略、功勋、人望，还是在扶苏心中的位置，您与蒙恬相比，哪点能比过他呢？"

李斯一时无话，沉默了半天后说："我确实不如蒙恬，你这不是明知故问嘛！"

李斯之所以能官拜丞相，爬上权力巅峰，根本原因就是得到了始皇帝的信任。但论在大秦的根基，他远远没法和蒙氏兄弟相比。蒙恬自祖父蒙骜从齐入秦，历时三代，为大秦开疆拓土，立下赫赫战功，蒙氏家族树大根深，深受历代秦王信任。

扶苏与蒙恬共驻北疆，北逐匈奴，筑万里长城，在战斗中建立的君臣之谊，李斯如何能比！

李斯哑然失声，无言以对。

赵高趁机说道："细算起来，我在秦宫前后服务了二十多年，目睹了无数高官的起起落落，未见过被秦王罢免的丞相功臣，能顺利将爵位传于下一代，无不以被杀告终。假若皇长子扶苏即位，毫无疑问，丞相之位必由蒙恬接任，到那时别说保住富贵，君侯您能否以通侯身份平安还乡还两说呢！"

李斯听出来了，他已没有退路了。

李斯纵横官场数十载，历经惊涛骇浪，不承想却被赵高这样一个内宦以寥寥数语击垮了，轻而易举地缴械了。

"我奉皇帝之命教育胡亥，已有数年，没见过他有什么大的过失，虽不善言辞，但为人很聪明，又重义轻财，尊重士人，实在是太子的最佳人选，您可以考虑一下。"

赵高给出了他的方案。

李斯还有些不甘心就范，气呼呼地说："你咋做，是你的事，我李斯只知奉皇帝遗诏行事。"

赵高马上说："君侯若听我建议，可长保封侯，永世相传，可放弃眼前机会，怕是要祸及子孙，到时悔之莫及，您掂量着办吧！"

李斯无可奈何了，只得答应听从赵高安排。

而就在此前，赵高已经说服了胡亥。

赵高和李斯完成权力交易，结为同盟后，派人到上郡，假传始皇帝诏书，赐死扶苏和蒙恬。

扶苏为人仁孝，接到诏书后，觉得蒙受了委屈，一时方寸大乱，万念俱灰之下，不顾蒙恬劝慰，大哭一场后，就拔剑自尽了。

扶苏死后，使者逼蒙恬自杀，但蒙恬却不肯屈从。蒙恬手握重兵，使者也不敢逼迫过甚，只得将蒙恬囚于阳周（今陕西靖边县杨桥畔镇），让随行李斯舍人担任护军，蒙恬职位由副将王离署理，而后返回复命。

后来过了一些时日，蒙恬、蒙毅兄弟都惨遭毒手，死于非命。

为了隐藏皇帝已死的真相，赵高和李斯指定几个贴身的宦官驾车、陪乘，每天照常往车上送膳供物，与平常无异。只是始皇帝遗体尸臭越发浓重，为了遮掩臭气，李斯令随从官员往辒辌车内装入腌鱼，如此一来，腌鱼腥臭和尸臭混到一起，没法分得清。

直到回到咸阳，胡亥才向天下宣布始皇帝的死讯，然后在赵高和李斯扶持下登基称帝。由于始皇帝生前有命，废除谥号，后世子孙以数计，故胡亥被称为秦二世皇帝。

当年（公元前210年）九月，秦二世将始皇帝下葬于骊山陵墓。

始皇帝下葬后，为防止泄密，修陵工匠多被封闭在墓道内，活活窒息而亡。地宫上方堆起巨大的夯土堆，其上种植树木，犹如一座小山。

始皇帝生前嫔妃众多，没有生育的嫔妃全被秦二世送去殉葬。

丧心病狂的秦二世，在赵高鼓动下，对自己的兄弟姐妹举起了屠刀，十名王子在咸阳街头被当众斩首，十二位公主押送到杜县被肢解。其昏聩和嗜血天下震惊，其残忍令人发指。

胡亥信心满满，自以为再无人敢质疑自己皇位的合法性。殊不知从此以后，他真正成了孤家寡人。

与此同时，一批敢于进谏直言的大臣，被赵高以各种罪名下狱处死，而他的党羽占据高位，把持了朝政。秦二世则整日泡在宫中，沉湎于酒色，朝政大权落入赵高手中。

为了穷奢极欲，秦二世又征发民夫，计划续修阿房宫。在皇家园林，他养了无数宝马名犬，唯恐咸阳粮食储备不够喂养他的宠物，下令从天下郡县征调粮食，而这些粮食都是他的宠物粮，咸阳四百里内的人都不准碰，否则全部处死。一时间，天下鼎沸，百姓们挣扎在死亡边缘线上。

为了满足虚荣心，秦二世在二世皇帝元年（公元前 209 年），沿着始皇帝的巡游路线一路东行，东至碣石，南抵会稽，并在始皇帝刻石旁边增刻歌颂自我的文字，借此向天下表明他是始皇帝合法继承人。

此时大秦帝国的分崩离析已在旦夕之间，稍微一点火星，就会燎起漫天大火，足以侵吞整个帝国。

第三章

生与死是个问题

大泽乡、渔阳卒和陈胜王

二世皇帝元年（公元前 209 年）四月，秦二世返回咸阳。此后过着醉生梦死的日子，再也没有离开过京城，至于朝廷大小事务全都是赵高说了算，他也乐得清闲，懒得过问。

就在这一年七月，一支约九百人的戍卒队伍，在蕲县大泽乡，为大雨所困，进退两难。他们被征发前往渔阳（今北京密云一带）戍边，可雨水冲垮了道路，一行人寸步难行，很显然大伙儿是很难按规定日期赶到渔阳了。按照秦朝律法，如不能按期到达，所有人都要被处斩。

秦自商君变法以来，法律条款基本稳定有序，灭六国后，又将原来秦法推行到天下各地，在如此广袤的地区，许多条款根本不符合实际情况。但秦法就是铁律，执行得下去必须执行，执行不下去还是必须执行。

在苛虐的秦法之下，天下百姓无不生不如死。

在大秦帝国，有时候痛快地死，也是求而不得！

在生死关头，戍卒们将唯一希望寄托在屯长（相当于小队长）陈胜和吴广身上，指望他们能替大家拿个主意。

陈胜，字涉，阳城（今河南登封东南）人。吴广，字叔，陈郡阳夏（今河南太康）人。

在近一段时间的相处里，戍卒们通过观察，发现陈胜言谈举止异于常人，做事很有主见，早已视他为主心骨，大小事情都喜欢听听他的意见。

陈胜虽出身底层，但不甘于平凡，是个有志向之人。早些年，他靠给别人做佣工过活，每天起早贪黑，汗流浃背，犹如牛马般挣扎在田垄之间，只是一年下来，手中财物所剩无几，不过勉强糊口罢了。

陈胜心有不甘，不想如此浑浑噩噩，虚度一生。

有一次，陈胜对工友们感叹道："哥几个将来若富贵发迹了，可不要互相忘记了啊！"大伙儿听完后，不禁大笑起来："不看看咱们目前过的啥日子，一群给人种田的雇工而已，还谈什么富贵？"陈胜听后，明白跟眼前这些人谈理想，无疑是对牛弹琴，只好叹口气说："燕雀安知鸿鹄之志哉！"

然而多年后，陈胜的生活仍然毫无起色，日子过得特别艰难，直到此次被征发前往渔阳戍边。

一句话，陈胜有一颗躁动的心，是个不安分的人，吴广为人和陈胜也差不多。

既然横竖都是一死，与其窝囊地前去送死，还不如殊死一搏，或许还有转机。于是，陈胜私下和吴广商量："如今形势，我们前往渔阳是死，逃亡也是死，同样是死，何不死得有些价值？"吴广表示同意。

陈胜听说秦二世得位不正，皇位本该是扶苏的，却屈死在秦二世手中，天下人多为他抱屈同情，好多人不信他就这样平白无故地死了。另外，楚国名将项燕，民望很高，深受楚人拥戴，楚国亡国后，项燕下落不明。

为了赢得更多人的支持，陈胜、吴广决定以扶苏和项燕名义起事。只是造反风险太大，他们一时拿不定主意，思来想去，决定还是占卜预测一下吉凶。

占卜之人善于察言观色，听了二人三言两语之后，当即明白了他们的用意，便鼓动道："大事一定会成功，你们无须顾虑太多，尽管放手去干！"

陈胜、吴广二人听后，心中有了底气，不过为在众人心中树立形象，必须制造舆论才行。

戍卒多是目不识丁的农夫，对他们做思想工作，搞点神秘事件最管用。

没多久，有位戍卒买回一条鱼，剖开鱼腹，准备下锅时，竟发现鱼肚中有条白绸，上书"陈胜王"三个字。在当天夜里，有人称他隐约听到附近有狐狸在说人语："大楚兴，陈胜王。"

戍卒们本来就觉得陈胜此人非同寻常，发生这两桩怪事后，大家看陈胜的眼神与以前不一样了。

实际上，这些诡异事件都是吴广一手策划的。

眼看时机成熟了，陈胜、吴广决定立刻行动，去找两位押送他们的将尉。将尉二人此时已醉酒，吴广有意激怒他们，扬言要逃走，将尉大怒，拔剑恐吓吴广，吴广趁机夺过剑，与陈胜一起杀掉了两个醉鬼，取下了他们的头颅。

陈胜举起人头，冲众戍卒大声说："我们赶上大雨，延误了期限，已是被杀头之人了，就算侥幸逃过一劫，可戍边也是死者十之七八，大丈夫在世，死也要死得轰轰烈烈，难道那些王侯将相就是命中注定的吗？"

一时间群情激奋，众人高呼："你说咋办就咋办，我们都听你的！"

陈胜将将尉的头颅放在祭台上，高举起右手，露出手臂，对天宣誓，号称大楚，宣布以公子扶苏和楚将项燕的名义举行起义，而后自任将军，以吴广为都尉。

就这样，这群衣衫褴褛的队伍发出震天的怒吼，很轻松地攻下大泽乡，然后冲向蕲县，城中地方官被吓破了胆，很快举手投降。陈胜乘胜出击，派葛婴去攻打蕲县以东诸城，沿途官员或降或逃，城池全被攻下。

陈胜率领区区数百手执木棒竹竿的戍卒，之所以所到之处皆一触即溃，是因为多年来，始皇帝修长城、驰道、骊山陵墓、阿房宫，征发了数以百万计的民夫，百姓几乎被征发一空，加上秦军北驱匈奴、南征百越，地方防御力量极度薄弱。

看似强大不可一世的大秦帝国，实则早已是泥足巨人，轻轻一指，就轰然坍塌。

陈胜行军途中，不少人纷纷加入义军队伍，抵达陈县（今河南淮阳）时，已有兵车六七百辆，骑兵一千人，步卒好几万人。

陈县郡丞试图反抗，但很快城破，郡丞本人死于乱中，陈胜率领义军攻入城内。

眼界决定了一个人的视野，陈胜一直梦想改变命运，可从没出过远门，身边之人也都是跟他差不多的泥腿子。这些日子变化太快，仿佛做梦一般，转瞬之间，他已是拥有数万之众的将军，命运就是如此不可捉摸。

接下来该怎么办？陈胜激动、兴奋之余，却有点不知所措了，便让人找来三老（代掌教化的乡官）和地方豪杰议事，希望听听他们的意见。

这些人属于地方上德高望重之辈，他们中不少人亲眼见证了楚国的覆亡，多年来受够了秦人的压榨，见到陈胜扛起大楚的旗号举事，自然希望借助陈胜之力尽早恢复故国，便对陈胜说："将军您披坚执锐，讨伐暴秦，收复楚国国土，论功当称王。"

听完众人建议后，陈胜决定自立为王，立国号为张楚。

守门员、老街坊和遍地称王

在陈胜称王咨询会议过程中，发生了一件小插曲。有两人公开表示，现在还不是急于称王时刻，话说得很委婉，但意思很明了。

其中一人就是刘邦仰慕的偶像张耳，另外一人是张耳的朋友陈馀。

陈馀与张耳是同乡，也是大梁人。他们是典型的忘年交，论年龄，差不多是两代人，不过年岁悬殊并没有妨碍他们的友情。

张耳与刘邦相处时日并不多，而陈馀几乎与张耳相伴大半辈子。两人不但志趣相投，就连人生经历也极其相似，张耳因才华出众，娶得外黄富家女，陈馀也被赵国苦陉富豪公乘氏看中，将女儿嫁给了他。

由于娶得富家女，二人衣食无忧，经济宽裕，手头有了钱，就喜欢广交朋友，他们的名字且不说大梁城内，就是在魏国，也几乎无人不知。

秦灭魏后，二人不愿为秦效命，于是改名换姓，东躲西藏，最后逃到陈县，找了一份看门工作。

看门员是很低贱的职业，常被人看不起。有一次，有个负责里巷的小吏，故意找茬，一言不合，就抡起皮鞭抽陈馀。

陈馀毕竟年轻，按捺不住心头的火气，就准备还手，旁边的张耳一看形势不妙，重重踩了一下陈馀的脚背。

陈馀疼痛难忍，躬下身去，被小吏狠狠抽了一顿。

小吏离去后，张耳将陈馀拽到附近一棵桑树下，用严肃的口吻批评他："连这点羞辱都受不了，跟这样一个小角色拼命，觉得值吗，你的命就这么不值钱？"

陈馀冷静下来，有点后悔了，为一时冲动，向张耳道歉，并保证不会再犯同样的错误。就这样，两人继续隐姓埋名，直到陈胜率领起义军来到陈县，闻讯后一起前去投奔陈胜。

名士来投，陈胜很高兴，此时他已决心称王，不过，还是要做个姿态："大伙儿劝我称王，二位先生怎么看？有意见但说不妨！"

张耳和陈馀其实骨子里不大瞧得起像陈胜这样的土老帽儿，只不过希望借助他的力量，实现复国梦想而已，所以压根不愿意他称王。当然话不能说得太直白，还是委婉一些比较妥当。

"将军您挑头抗击暴秦，勇气实在令人佩服，可事业刚刚起步，就在陈县这样小地方称王，实在不可取。您现在首要任务是立六国王室后裔，以分散秦人注意力，使其无暇集中兵力对付您，您趁机联合六国复辟势力，合力攻击秦军，待到攻占咸阳后，六国因您而复兴，定会感恩于您，听您号令，待那时成就帝业，也是水到渠成。"

不过，张耳和陈馀的话并未打动陈胜，在他看来，造反纯粹是为了自救，也是给千千万万底层人民找条活路，至于六国贵族余孽，凭什么要我去扶持他们，做梦去吧！

就这样，陈胜没有理睬二人劝阻，径自称王了。

陈胜称王消息传开后，各地人们积压的愤怒，像火山一般爆发了，纷纷起来诛杀地方官员，开城响应义军。

胜利来得太快，陈胜不禁有些骄傲轻敌了，开始盲目扩大战线，决定趁着大好形势，兵分三路，命吴广以假王（代理王）名义率兵西征荥阳、周市北上经略魏地、周文直接攻打函谷关。

张耳和陈馀头脑很冷静，没有陈胜那样乐观，义军初期作战完全凭借一股血性，而秦廷由于事出突然，还没来得及集结军队。等到秦军精锐力量完成整合集结后，缺乏严格军事训练的义军肯定难以持续保持目前势头。

他们开始私下盘算，如何利用陈胜号召力和兵力去开辟新战场，发展自己势力。

陈馀在赵国活动多年，对赵国情况比较了解，也有一定的人脉资源，他向陈胜提议，自愿去赵地为陈王拓疆开土。

陈胜听后没多想就答应了，派好友陈县人武臣为将军，邵骚担任护军，张耳和陈馀为左右校尉，拨给他们三千军队，去攻打赵地。

张耳和陈馀走后不久，有位当初和陈胜一起做佣工的工友，听到陈胜称王的消息，跑来找他。被卫兵拦在宫门口，不让进去。

工友有些生气，陈胜做了王，就忘了当初"苟富贵勿相忘"的诺言吗？便在宫门口大呼小叫："我要见陈胜，让他出来！"

卫兵一听，立刻将他捆了。恰好正赶上陈胜出巡，工友立刻高呼陈胜名字，陈胜在人群中看见后，让人放了他，带回了宫。

佣工被宫中的奢华陈设惊呆了，操着浓重的楚音说："乖乖，陈胜做了王，这屋子也忒奢华啊。"

看着伙伴羡慕的眼神，陈胜很开心，两人一起追忆往昔，在一起喝酒吃肉，聊了不少知心话。

可时间一长，陈胜感到有了新麻烦。

这位同伴，逢人便炫耀自己和陈胜的关系有多铁，还说一些陈胜不愿意提及的陈年旧事，让陈胜感到很难堪，但念在昔日情面，不好发作，暂时忍了下来。

任何时候都不缺小人，有人察觉出来陈胜神色有点不正常，便在他耳边嘀咕："您的同伴这样口无遮拦，长期下去，有碍大王您的颜面啊！"

陈胜黑着脸，一言不发，几天后，同伴被杀了。

来投奔陈胜的旧友们听说此事之后，有些齿寒了，于是接二连三离他而去。

各地出征将领们陆续返回陈县汇报工作时，发现不过短短数月，陈胜变化太多。以前大家在一起无拘无束习惯了，自然不顾那些繁冗礼节，但很快不少人由于小小过失，被陈胜任命的中正朱房、司过胡武投入大牢。

朱房、胡武私仇公报，将不少自己看不顺眼的将领，随便扣上对陈王不忠的罪名，也不经过正式审判，就胡乱惩戒。

就这样，众将领渐渐疏远了陈胜，不少人暗中谋划脱离陈胜，自找出路独立单干。

陈胜刚攻占陈县之初，派葛婴攻打陈县以东地区。葛婴在外，由于信息不畅，不知陈胜称王，所以在东城（今安徽定远）立襄强（具体身世不详，或是楚王室后裔）为楚王。再后来，他得知陈胜称王消息，觉得既然义军中已有陈王，再立新王就不妥了，便杀了襄强。可是葛婴拥立新王之事已被陈胜得知，他非常恼怒，觉得葛婴背叛了他，等葛婴一返回，就下令将他抓起来杀了。

本以为诛杀葛婴，足以震慑那些心怀二心的各路将领，然而陈胜很快接到消息，武臣也称王了。

武臣称王是张耳和陈馀出的主意。

张耳和陈馀跟随武臣自白马津渡过黄河，进入河北燕赵地区。陈胜拨付的三千兵马兵力太弱，所以绝不能与秦兵蛮拼，唯有智取才是上策。张耳和陈馀具体策略有两点：一手揭发秦朝暴政，一手宣扬义军政策。

秦朝的暴政太多，俯拾即是，证据随便罗列，几天几夜都说不完，倒是义军的事迹大家还不太了解，需要加大力度鼓吹。

张耳和陈馀带领的义军一路走到哪里，就宣传到哪里：秦法残暴，这种暗无天日的日子乡亲们还要忍下去吗？告诉大家一个好消息，陈王现在已经反秦，楚人争相杀掉地方官，响应陈王，楚国两千余里的辽阔土地已归属陈王。如今陈王已经派吴广、周文率领百万大军向西进发，即将对秦发起总攻。义军形势一片大好，诸位，想为屈死在秦人屠刀之下的父兄报仇吗？想在乱世中建功立业吗？那么还在犹豫什么，抄起家伙跟着陈王干吧！

受到鼓动的赵人，争着加入武臣队伍，很快义军队伍规模壮大了数倍，一下子扩充到好几万人。武臣觉得将军头衔不足以领导数万人马，便自称武信君。

事实证明，宣传工作实在太重要了，一句富有煽动性的宣言胜过千军万马。

队伍壮大后，武臣带领麾下人马，很快拿下了赵地十座城池。

范阳（今河北省定兴县固城镇）人蒯通，得到武臣将要攻打范阳消息，想通过劝范阳县令徐某为自己谋个出路。蒯通素来能言善辩，颇有苏秦、张仪的风范，三言两语就攻破了徐县令的心理防线，同意由自己代表徐县令前往武臣营中谈判归降事宜。

同样是投降，如果在手中有牌，让对方有所忌惮时主动投降，那就有讨价还价的回旋余地，为己方争取利益情况下体面投降。

见到武臣后，蒯通语气不卑不亢，毫无摇尾乞降之相，让武臣不由得敬重了几分。蒯通是一个语言天才、心理大师和谈判高手，一开始就牢牢控制了会谈主动权。

"请问武信君，您每攻取一座城池然后占领，就这样一城一城地打下去吗？如此逐城攻取，分兵把守实在不可取，若您能听取我的意见，我敢保证，只要派出一名使节，诸城皆会开城投降！"

武臣一听，立刻来了精神："快说说看！"

"范阳县令徐公生性懦弱，听到您率军前来，恨不得率先开城投降，但他心有顾虑，害怕将来被清算，故迟疑不决，而范阳城内的年轻人都想早日杀了他，拿起武器保卫家园。您唯有赶紧抢先一步，以侯爵条件招降徐公，如此没有任何伤亡，就能拿下范阳城，有您撑腰，范阳年轻人当然不敢作乱了，对其他城市也起了示范效应，还怕他们不会争相归降吗？"

蒯通话说得很直白，就是用最少代价，甚至不花费任何代价，争取到最大利益。

武臣听后大喜过望，连连点头，便又让蒯通做自己代表，去招降徐县令。后来的事情发展，果然不出蒯通所料，武臣几乎没费任何力气，有三十余城主动开城投降。

蒯通几乎完美演绎了当年苏秦张仪的故事，单靠三寸不烂之舌，就改变了河北政治局面，这也预示着大秦帝国一统天下的时代一去不复返，后战国时代即将来临。

再说张耳和陈馀，他们自认为有大才，却不被陈胜重用，心有不甘，便劝武臣称王。道理很简单，船随水涨，武臣称王了，他们也可以抬高身价，达到封相拜将之目的。

只是武臣心中对陈胜还是怀有感激之情，毕竟他能拥有目前数十城，是靠陈胜所给的三千人马起家的，如果自行称王，就等于背叛了陈王。武臣多少有点正义感，让他做忘恩负义之事，一时踌躇不决，下不了决心。

"将军您对陈王忠心耿耿，我们都知道，但如果您现在就这样回去，难道没见陈王听信谗言，诛杀了好些无辜将领吗？"张耳和陈馀在旁对武臣晓以利害。

武臣闻言恍然大悟，遂下定决心，自立为赵王。

张耳和陈馀二人也如愿以偿，陈馀被任命为大将军，张耳为右丞相，邵骚为左丞相。

武臣称王后，派人通报陈胜。

陈胜接到消息后暴跳如雷，下令将武臣等人眷属抓起来，准备处死他们，然后发兵攻赵。

上柱国房君蔡赐劝陈胜说，现在公然与武臣撕破脸，无疑是给自己增加了一个敌人，给秦人送去一位帮手，况且武臣称王已无法改变，何不做个顺水人情，遣使去恭贺武臣，公开承认他为赵王。

陈胜细想之后，感到蔡赐说得在理，于是下令将武臣等人的家眷接到陈县，封张耳儿子张敖为成都君，表面上看似优待，实则扣为人质，然后派使者带上书信赴赵国恭贺武臣。

在信中，陈胜提议楚、赵两家齐心伐秦，以雪亡国之耻。

武臣看完，没觉得有什么不妥，可张耳、陈馀却提出不同意见："大王您称王，陈王迫于形势，不得已派人来贺，且不可当真。如今秦国在，楚国暂时不会拿您怎样，可一旦灭秦，就会对付赵国了。所以，让楚国去伐秦好了，我们只管向北面燕国发展，只要我们坐拥燕、赵，即使楚国灭了秦，要想对我开战，也得掂量一下。"

武臣觉得有理，遂命部将韩广率领军队攻燕，不料韩广一到燕，就效仿武臣，自称燕王了。

武臣听说韩广称王，一怒之下，引兵前来讨伐，没想到反被燕人打败，沦为俘虏。活捉武臣后，燕国人放出话来，想要赵王活着回去，就必须割赵国一半土地给燕国！

事出突然，张耳、陈馀只好派使者去燕国探听风声，谁知燕人一言不合就将使者给宰了，二人束手无策，想不出啥好法子。

赵军营内一名伙夫，主动请缨，前往燕军大营做说客，化解当前赵国危机，张耳、陈馀无计可施，只好点头同意。

"足下可否了解我们大将军陈馀和丞相张耳现在最迫切的愿望是什么？"伙夫一见到燕国主将，就反客为主问道。

"自然是想让赵王早点回去，这还用问！"燕国将军回答道。

"错！他们现在最担心的是您把赵王放回去！"

"哦，这倒是奇怪了，说来听听！"

"赵国本是武臣、张耳、陈馀三人一起打下来的，只是让年长的武臣占了先罢了。如今赵王被捉，对他们二人来说，这可是千载难逢的机遇，可趁机将赵国一分为二，各自称王，然后以为赵王复仇的名义向燕国复仇，试问燕人能抵得住吗？"

燕国主将一听，觉得伙夫所言不无道理，虽有些失望，但看来再扣押武臣，已没任何意义，便同意让伙夫驾车载着武臣回去。

燕、赵两国间暂时恢复和平，与此同时，魏国也复国了。

周市奉陈胜之命渡河后，很快就从秦人手中光复了魏国旧地，只是周市拒绝了部下的劝进，打算寻找一位原魏国王室后裔为王。

魏国亡国后，有两位公子活了下来，即宁陵君魏咎和他的堂弟魏豹（也有说法说他们是亲兄弟）。陈胜起义后，魏咎兄弟俩抱着复国的梦想前往陈县，投奔义军。

武臣和韩广盘踞赵、燕，已让陈胜很是恼火，岂能再让魏国复国，当周市派人前往迎接魏咎时，被陈胜一口拒绝。但后来禁不住周市软磨硬泡，最终还是点头答应下来。

魏咎返回魏国后，封周市为国相。

当初，周市北上之际，曾包围狄城（今山东省淄博市高青县高城镇），狄城县令下令紧闭城门，想以拖待变。

田儋与其堂弟田荣、田横都是当地豪门大族，在狄城颇有势力，也很有民望。当陈胜称王、武臣自立的消息传到田儋耳中时，他觉得可以趁机光复齐国，于是杀了县令，率领城内守军击退了周市。

此后不久，田儋就光复齐国全境，自称齐王。

短短数月之间，山东六国除了韩国外，楚、赵、燕、齐、魏纷纷复国。秦人自然不甘心失败，很快发起反击，而列王之间，也是各怀心事，蠢蠢欲动。

　　正当天下风云激荡，群雄纷争之际，亡命芒砀山的刘邦接到了来自沛县老家的书信，要他立刻下山。

旧上司、新叛徒和寻出路

在逃亡期间，刘邦身边已经有了一支数百人的队伍。

本来，刘邦以为自己下半辈子就要在东躲西藏、担惊受怕中度过，但他万万没想到，形势变化太快。

前来送信之人是樊哙，樊哙与刘邦是连襟，为人直爽，应该信得过，况且樊哙携带萧何的亲笔书信，事情应该假不了。

萧何信中称，奉沛县县令之命，要求刘邦尽快回来，共商大是。

这些日子以来，刘邦已经过够了没有任何盼头的逃亡生涯，突然接到这样的喜讯，觉得管不了太多，先回家再说，反正天塌不下来。谁曾料到，等他们兴冲冲赶到沛县时，却发现城门紧闭，入不了城。

原来陈胜起事后，各地城池纷纷被义军攻破，郡守县令等地方官不是被杀，就是逃亡，坏消息源源不断传到沛县，沛县县令被吓得夜不能寐，惶惶不可终日，一度打算开城向义军投降。

手足无措的沛令，召集主吏萧何和狱掾曹参商议对策，让他们赶紧替他拿个主意。

萧何与刘邦素有往来，有些交情，便抓住机会对县令说："陈涉造反，针对的自然是像您这样的朝廷官员，为了加强沛县防卫，何不召集那些在

054

外逃亡的人归来，如此一来，既可以增加帮手，也可以镇住那些不听话之人。"

县令病急乱投医，一时也顾不了太多，遂令萧何赶紧张罗，让刘邦等人回来。

可等信使上路后，县令似乎回过神来，总觉得哪里有些不对劲，开始反悔变卦，下令紧闭城门，不许任何人进出。

县令越想越觉得萧何和曹参暗中捣鬼，私下与刘邦等亡命徒勾结，当下下令捉拿二人。萧何和曹参得到风声后，想出城门已来不及了，只好趁着夜色，偷偷从城墙顺着绳索滑下来，一溜烟跑到刘邦营地，将城中情况如实告诉了刘邦。

刘邦盘算了一下，单靠手中数百人攻城，恐怕胜算无几，因此决定对城里军民发起心理战。第二天，刘邦命人将一份帛书射入城中，城内守军展开一看，只见上面写道："天下苦秦久矣，如今烽烟四起，诸侯皆已复国，战火很快会波及沛县，届时血染城垣，百姓惨遭杀戮恐怕在所难免，指望那个秦人县令保护大家，无疑是白日做梦。父老乡亲们，赶紧行动起来，干掉这个秦人的走狗，选个有能耐的自己人出来，带领大伙儿干吧，再晚一步，怕是真来不及了！"

没过多久，信的内容就传遍了沛县大街小巷，受到感染的人们一哄而起，冲入县衙杀了县令，而后打开城门，迎接刘邦入城。

事后众人都觉得如今天下大乱，兵戈四起，为了保全沛县父老，须选个能挑事儿的人出来维持局面才行。

萧何和曹参长期在县衙做事，有头脑，见过世面，毫无疑问，他们是当仁不让的首选人物。可他们二人连声说自己能力不足，名望欠缺，还望大家另选贤能。其实，他们是胆小怕事、不敢担当。

谁不知道，眼前这份差使可不是什么升官发财的美差，弄不好随时可能掉脑袋，被株连九族。

连萧何和曹参都推辞，实在找不出合适人选，数来数去，也就只有刘邦了，毕竟刘邦好歹也干过亭长，况且这次他的表现也让大家刮目相看。

对，就他了。

刘邦一听，立刻跳了起来，啥？不行不行，并非我胆小怕死，只是我这点能耐，挑不起这副担子！

众人不由分说，将刘邦按在了主座上。

刘邦又再三推辞，最后实在没法子，只好硬着头皮应承下来。

于是，众人杀牲献祭，祭祀黄帝和战神蚩尤，把牺牲之血涂在旗鼓上，宣誓举事。

秦制一县之首，大县称作县令，小县为县长，如今沛县既然脱离秦帝国，就不能用秦人官名。按照过去楚国规定，负责一县的长官被称为县公，故刘邦被推举为沛公。

刘邦起事后，发动沛县年轻人入伍，不出几日，就招募了两三千人。他们先后攻占了胡陵县（今江苏省沛县龙固镇东北部）和方与县（今山东省鱼台县西），然后回防丰邑（今江苏丰县）。

泗水郡郡守闻讯后，命一郡监平率兵围攻丰邑，结果被刘邦大败。

与秦军主力首战告捷，刘邦倍感鼓舞，当下决定让雍齿守丰邑，自己引兵赴薛县（今山东省滕州市），攻打泗水郡，战事非常顺利，泗水郡郡守兵败被杀。

正当刘邦接连取得胜利之际，却接到一个坏消息，雍齿背叛了他，改降魏国了。

雍齿乃豪强大族出身，本就不大看得起刘邦，再加上魏国国相周市的一番威逼利诱，就被成功策反了。刘邦怒气冲冲返回来，发誓一定要活捉雍齿，狠狠教训一下这个叛徒。

可还没拿下丰邑，刘邦却一病不起，无奈之下，只得先返回沛县养病。

人生一世，可以原谅敌人，但无法宽恕叛徒。

刘邦一生有很多对手和敌人，恩恩怨怨到头来，几乎都淡化了，唯有对雍齿的恨，他至死难忘。可想要除掉雍齿这个叛徒，仅靠自己军力，实在力不从心，毕竟雍齿背后还有魏国的支援，看来只有寻求外援了。

陈王是反秦义军的盟主，有困难当然该找他，可没想到，陈胜也遭到背叛，命丧叛徒手中！

叛徒，又是叛徒！

陈胜称王后，老岳父大老远来看他，但他对老人家态度很冷淡，一副爱理不理的样子，惹得老人家很生气，就骂他道："你这臭小子，连长辈都不尊敬，一点礼貌都没有，还能指望聚拢人心，得到天下吗？"

老人家说完后，扭头就走。陈胜挨骂后，才感到自己有点太过分了，立刻向老人赔礼道歉，不过，老岳父最终头也不回地走了。

部下接二连三弃他而去，如今亲人都要离开，陈胜彻底被孤立了。

当时，周文率领楚军都攻到函谷关了，秦人不甘心坐以待毙，只是咸阳城内已无军可发，因为秦国精锐之师俱远在河套和岭南，路途迢迢，想召回都来不及了。

于是，秦廷下令赦免正在修建骊山陵墓的数十万刑徒，并发给他们武器武装起来，由少府章邯带领，东出函谷关反击周文。

少府一职，主要负责征税和管理皇家用品，本来跟军事根本不搭边，令人意外的是，章邯这名税务官却拥有出色的军事才华。

章邯率领七十万刑徒军东行，迎头赶上周文带领的楚军，结果楚军一触即溃，周文战败后一路狂奔，十天后，逃到渑池（今河南三门峡渑池县），才站稳脚跟。

章邯率领秦军穷追不舍，很快追了上来。周文迫不得已，只好硬着头皮再战，结果再一次战败，走投无路之下，只好自杀身亡。

而此时，另外一支由假王吴广带领的义军正在围攻荥阳，驻守荥阳的三川郡守李由，正是李斯儿子。李由颇有才能，吴广根本不是他的对手。

因此，尽管义军数量众多，却困顿于荥阳城下已有些时日，始终难以向前推进一步。

义军队伍中有位将军叫作田臧。吴广指挥无方，累及三军，早引起他的不满。田臧认为，周文已死，鉴于当前严峻形势，必须调整作战方式，决不能再在荥阳城下虚耗了，与其等章邯率秦军前来，还不如主动出击。

这些日子以来，吴广刚愎自用的性格，令田臧已忍无可忍，决定先干掉吴广，将军权掌握在手中，然后亲自带兵与敌人决一死战。

田臧和诸将领私下谋划，取得一致意见后，假传陈王命令，杀掉吴广，将其头颅送到陈县。

陈胜或许是迫于无奈，为了稳住军心，没有对田臧等人进行任何惩处，反而派人送去令尹官印，拜他为上将军。

将士哗变却没有受到惩罚，无疑变相鼓励犯上作乱，此事一旦开了先河，就有人起来效仿。

田臧空有野心，但能力平平，虽从吴广手中夺了军权，依旧无法抵挡住秦军的攻势，后来死于乱军之中。陈胜感到形势不妙，派邓说、伍逢等人去应敌，结果同样被章邯打得抱头鼠窜，仓皇四逃。邓说灰头土脸地逃回了陈县，陈胜震怒之下，斩了邓说，但已于事无补，章邯率领秦军已抵达陈县。

陈县在秦军强攻之下，很快沦陷了，上柱国蔡赐战死，陈胜仓皇出逃，跑到城父（今属安徽省亳州市）。

抵达城父后，陈胜喘息未定，章邯的追兵就到了。陈胜万般无奈之下，只得命部将张贺出城迎战。只是张贺那点人马，很快被秦军吃掉了。陈胜站在城楼，望着城下一望无际的秦军，彻底绝望了。

这样下去，用不了多久，城父城破是早晚的事，一旦城池陷落，无人能躲过秦人的屠刀。

时间一天天地过去，城内每个人都在煎熬中度过，大家都感到死亡气息在一步步靠近。

陈胜车夫庄贾为了自保，杀了陈胜，开城向秦军投降，城父陷落了。

陈胜振臂一呼，点燃了反秦燎原大火，为暴虐的秦王朝敲响了丧钟，只可惜他没有战死在战场上，而是丧命于叛徒手中。不过，陈胜虽死，但他掀起的反秦风暴愈演愈烈，昔日不可一世的大秦帝国的覆灭早已注定。

陈胜称王不过六月，但他用实际行动向后世阐述了这样一个真理：当一个政权逼得百姓没有活路，哪怕它再强大，最终也会被人民的怒潮掀翻！

至于杀害陈胜的庄贾，最终也难逃历史的惩罚。

陈胜死后，义军将领吕臣在新阳（今安徽界首北）组建苍头军（因头上裹青色头巾，故名。也说队伍中多是奴隶出身，秦汉时奴婢被称为苍头，故称为苍头军），发起反击，很快从秦军手中夺回了陈县，重建张楚，叛徒庄贾被处死。

二世皇帝二年（公元前208年）二月，秦朝军队再次进攻陈县。吕臣难敌秦军凌厉攻势，在收复陈县不过短短一月后，不得已只好放弃城池，带领将士们撤离转移，踏上寻找新的战略伙伴之路，开辟新的反秦战场。

庄贾已被严惩，但雍齿还在逍遥自在。

陈王已死，刘邦求助无望了。好在，他又得知陈胜旧部秦嘉和东阳宁君（东阳人，姓名不详）立楚国王室贵族景驹（楚王室为芈姓，分为熊、昭、屈、景四支）为新楚王，驻兵留县（今属山东省微山县），便立刻动身前往留县求援。

第四章

敌我阵营要分清

相逢、刺秦和两股武装

刘邦率领人马赶往留县途中，遇到一支百十来人的小队伍，一打听得知他们也要去留县，既然顺道，便合在一起结伴而行。

刘邦细瞧之下，发现队伍领头之人生得异常英俊，皮肤白皙，眉目如画，不由得多了几分好感。一番细谈后，发现他谈吐见识不比常人，对当今天下形势可谓了如指掌，言谈举止颇有侠者风范。

刘邦敏锐意识到眼前这位美男子不简单，绝非一介文弱书生。

一路走，一路聊，刘邦对他的生平有了大致了解。

此人名叫张良，字子房，世居韩国，祖父张开地、父亲张平历侍韩昭侯、韩宣惠王、韩襄哀王、韩厘王、韩悼惠王五代君王，皆官拜国相，可谓位高权重，家世显赫。

若不出意外，张良会接过父亲的班，出任韩国国相。然而，秦王政十七年（公元前230年），秦国大将内史腾率兵攻打韩国，韩王安被俘，韩国就此灭亡。

韩国没了，张良的国相梦破灭了。

怀揣家仇国恨的张良，带着三百家仆，自此四处飘零。他的目的只有一个，要向秦复仇，为韩国复国。

只是敌人太强大，自己太渺小，如何才能复仇？正面较量无疑是自寻死路，万不可取，张良决定暗杀始皇帝！

只是像燕太子丹派荆轲刺秦一般，近身刺杀再无可能，只能在野外伏击始皇帝。据张良了解，始皇帝喜欢巡游，所以还是大有机会。

有一年，他从沧海君那里寻得一名大力士，此人力大无比，可以舞动百八十斤的铁椎。

经过一番精心准备后，张良探得始皇帝出行路线，于是带领大力士等人，埋伏在博浪沙，决定豁出去舍命一搏，想一击毙杀始皇帝。

始皇帝即位以来屡次遇刺，对自身安保问题特别重视，为了安全起见，每次出行时，他特地准备了好几辆一模一样的车驾，不定期更换，除了少数身边人，外人很难确切知道他究竟乘坐哪辆车。

结果大力士掷出的铁椎击中了一辆备用车，而始皇帝本人毫发无伤，不过虚惊一场。幸而张良事前规划周详，提前安排好了撤退路线，躲过了秦兵追捕，安然逃过一劫。

刺杀行动失败后，张良逃到下邳（今江苏睢宁西北），暂时潜伏起来。有一天，他在外漫步，走到一座桥上，有位老头趿拉着鞋子从他身边走过，故意将鞋子掉到桥下，然后冲张良喊："喂，小伙子，下去帮我捡一下鞋！"

张良看那老头岁数大了，也懒得跟他一般见识，便下去将鞋子捡上来交给他。

"帮我穿上它！"老人说话语气不但没有丝毫感激之情，反将一双臭脚丫子伸到张良面前。

张良心头顿时火大了，没想到这个老头如此不知好歹。可转念一想，既然已帮忙捡了鞋子，干脆就好事做到底，遂蹲下身，将鞋子端端正正给老人穿上。

老人用赞许的眼神看了看张良，然后迈步远去，张良也准备离开。不料，老人走了几步后，又转身返回来了。

"我觉得你这小子值得开导开导，记住五天后，天色蒙蒙亮之际，来这里与我碰头。"老人撂下一句没头没脑的话，然后头也不回地走了。

张良猛地反应过来，自己遇到了高人，忙俯下身向老人行礼，恭恭敬敬说了一声："是！"

等他抬头时，老人早不见踪影。

五天后，张良如约赶到桥上时，发现老人早在那里等候。一看见张良，老人怒气冲冲道："年轻人赴老年人之约，自己却迟到，如此不懂规矩，记得五天后早点来！"说完拂袖而去。

又过了五天，待雄鸡唱晓后，张良即刻动身。可待他赶到时，老人又已在桥上了，再次挨了一顿训，老人让他再过五天再来。

时间一点点熬过去了，终于等到赴约时间。张良担心睡过头，夜里根本不敢睡觉，等到半夜时分，就穿好衣服，急忙往桥上赶。到达时，桥上空无一人，张良暗自庆幸，终于没有迟到，便在桥上耐心等待老人到来。

过了好一阵，老人终于姗姗而来，看见张良已候着，满意地点了点头，顺手从袖中掏出一卷书，递到张良手中叮嘱道："年轻人回去好好参悟这本书吧，若悟透了即可做帝王师了。十年后，你会崭露头角，十三年后，到济北寻我，谷城山下的黄石就是我。"

说完，老人也不待张良答话，自行飘然离去。自此后，张良再也没有见过他。

夜色朦胧，看不清书中内容，等拂晓之际，张良发现老人相赠之书乃是《太公兵法》。

得到《太公兵法》后，张良如获珍宝，朝夕研读，个人谋略突飞猛进，就连性子也被磨平了不少，不再意气用事，前后判若两人。

宋代大文豪苏轼有一篇《留侯论》，他认为圯上老人（圯即桥之意）乃是秦朝的一位隐居君子，惋惜张良才华过人，做事却不学伊尹、姜尚那样深谋远虑，却要效法荆轲、聂政行刺，之所以反复折辱张良，真正用意并非传授兵书，而是要消磨他心头的戾气，改掉其冒失冲动的急躁脾性，让他明白，成大事必须善忍，能忍常人不能忍之忍，不要一时热血冲动，丧失了理性思维。

后来，张良又接触到了因杀人避祸的项伯，为他提供了一段时间的庇护。张良没想到，当时无意间的仗义之举，在后来生死关头，救了他和刘邦的性命。

以上都是十多年前的事了。

这些年来，张良性子变了许多，但为韩国复仇的信念，却从未有丝毫动摇。半年前，陈胜举兵的消息传来，张良看到了希望，只是没料到陈胜失败得如此之快。

待到楚、赵、燕、齐、魏复国后，张良又仿佛看到了复国希望，心头火苗再次被点燃。当他听到景驹被拥立为楚王的消息，立刻带领麾下仆从赶来投奔，没想到，在途中偶遇了刘邦。

经过一番攀谈，张良发现刘邦表面上看嘻嘻哈哈，一副流氓无赖嘴脸，实际上悟性极高，以前，他将研究《太公兵法》的心得与别人交流，可惜没几人能听得懂，但刘邦三言两语就能明白其中道理，于是，张良对刘邦渐渐有了惺惺相惜之意。

景驹那边具体情况尚不得而知，但刘邦手下好歹有数千人马，何况和刘邦能处得来，张良便决定先投靠刘邦。刘邦自然喜欢得不得了，马上任命他为厩将（负责车马后勤军需物资等方面官吏）之职。

刘邦与张良抵达留县，见到景驹，希望给自己调拨一些兵力，好夺回丰邑。然而就在此时，正赶上章邯部将司马㭬率领秦军屠城相县（今安徽淮北市相山区），攻克砀县（今河南省永城市芒山镇）。

大敌当前，收拾雍齿的事，只能暂且搁下，先对付秦军要紧。刘邦跟随东阳宁君西进，在萧县西与秦军遭遇，结果作战失利，只好折回攻打砀县，好在奋战三天后，终于夺回了砀县。

砀县之战后，刘邦共收编了六千多秦军战俘，兵力达到九千人。战事结束后，刘邦带领这支近万人的队伍，返回去攻打丰邑。

然而，事实证明，他还是太小瞧雍齿了，几番进攻后，丰邑仍牢牢掌握在雍齿手中。

刘邦气得破口大骂，但一点办法都没有。

刘邦跟雍齿在丰邑攻防较劲之际，项梁、项羽叔侄二人却已盯上了景驹、秦嘉君臣。

项梁曾因杀人背负命案，在吴中避难，时间一长，跟当地乡绅士大夫有了热络关系。项家本是楚国大族，所以，无论主持丧葬礼仪等日常生活事务，还是处置朝廷徭役产生的纠缠之类的事情，对项梁来说根本就不是个事儿，他应对自如，无可挑剔。一来二去，大家都对他们一家子刮目相看。项梁在当地很快累积了相当多的人脉，人气也日渐高涨。

陈胜起义后，项家叔侄亦开始暗中谋划起事。

彼时大秦帝国已千疮百孔，各地官员除了被杀和出逃之外，尚有一些在职，但多数人已无心思关心帝国存亡，只考虑自己未来。以当时局势，犹如逆水行舟不进则退，面对群雄并起，要么主动占得先机，吃掉别人，要么等着被人吃掉。

会稽郡守殷通不愿坐失良机，被别人吞掉，于是决定主动出击，他素知项梁名声，便找他来相商："现在江西（长江自芜湖至南京段呈南北向，秦汉时将此段东西两岸称为江东和江西）一带已经大乱，此乃天要亡秦，先发则能制人，后发则为人所制，我想让你和桓楚（生平事迹不详）领兵出征，足下以为如何？"

项梁想要反秦，须有自家地盘才行，他想谋取吴郡之心久矣，只是苦于没有机会，现在殷通自动送上门，此时不取，更待何时！遂假意称道："桓楚飘忽江湖，外人难知其踪迹，只跟我侄儿项羽保持着单线联系，可否让他帮你打听一下？"

殷通点头同意了。

项梁遂走出厅堂。项羽此时正持剑站在走廊下，他对项羽耳语交代了一番，要他看自己眼色，相机行事。

说完，项梁重返酒席，对殷通说："我侄儿就在外面，可否允许他进来，您可以当面交代他去找回桓楚。"

殷通尚浑然不知危险降临，欣然同意，宣项羽进来。

项羽犹如一阵旋风，阔步走了进来，看上去器宇轩昂，英武逼人。殷通正欣赏眼前这位年轻人，根本没注意身旁项梁的举止。

项梁向项羽使眼色，一语双关说道："可以行动了！"

项羽一个箭步冲上去，一剑割下殷通脑袋，殷通根本没反应过来怎么回事，就已经命赴黄泉。项梁一把从殷通尸体上拽下郡守印信，系在自己身上，然后手持殷通头颅走到廊下。

郡守府的卫兵们蒙了。郡守适才还与这位项先生谈笑风生，怎么眨眼之间就成了丧命鬼。

半晌后，众人才反应过来，呼啦啦将项羽叔侄包围在中央，想为郡守复仇。很显然，他们低估了项羽的战斗力。

项羽手持长剑在人群中横冲直撞，转眼间，鲜血四溅，百余人已倒在他的剑下。众人吓得魂飞魄散，肝胆俱裂，纷纷扔掉兵器，表示愿意听从项梁命令。

项梁当即召集郡守府大小官吏，宣布自任会稽郡守，以项羽为裨将，宣布起兵反秦。众人早被项羽吓破了胆，哪敢说不，纷纷表示愿意追随。

项梁后来在吴中征集青壮年入伍，共招募了八千精兵，选拔其中有胆识的豪杰之士担任校尉、候、司马等职务。这八千江东子弟兵成了项梁叔侄反秦的最初兵力，也是以后历次战斗中的中坚力量。

盟友、上级和生死对头

广陵（今江苏扬州市）人召平是陈胜旧部，他奉命返回老家发展反秦力量，可是城尚未攻下，却得知陈胜兵败身亡消息，一时进退两难，不知如何是好。

恰好此时，他得知项梁拿下会稽郡，举兵反秦了，自然大家目标都是推翻秦廷暴政，就是可以合作的伙伴了，遂立刻派人去联络项梁，约项家叔侄过江，一起攻打广陵。

项梁雄心壮志，不甘困居于吴县一地，急需拓展地盘，壮大力量，所以一接到召平求助消息，立刻与项羽渡江西向。他们刚过河，尚未来得及开战，东阳县（今浙江省东阳市）就发生内乱了，县令被当地百姓所杀，众人推举原东阳令史（县令属吏）陈婴出来主持大局。

东阳当地人齐聚县衙门口，少说也有两万多人。大伙儿头裹青巾，异口同声劝陈婴也称王。陈婴为人谨慎有余，魄力不足，一时不知如何应付，便跑回家和母亲商议，都一大把年纪的人了，遇事还找老娘讨主意，可见他平常也是个没主见的人。

陈老太太倒是个明白人，知道儿子有多大能耐，做个基层小吏混饭还行，让他挑大梁独当一面就够呛，在这乱世中称王可不是闹着玩的，便对陈婴说："自我过门做了你们老陈家媳妇，数十年来，从未听过咱祖上出过什么高官显贵。突然让你称王，我琢磨着总不是啥好事，不如还是让给别人吧，将来成功了自然少不了封侯，万一干砸了，你也不是带头挑事的，也好为自己开脱不是？"

陈婴听后，觉得还是老太太分析得透，于是返回去，跟众军官和县吏商议："推翻秦朝这样大事，必须有个好领导，最好是名门望族之人，项家世代为将，在楚国可谓家喻户晓，不如归附于他们，你们看如何？"

众人想想也是，也就同意了，于是跟着陈婴投诚项梁。

项梁刚渡江，没有费一兵一卒，就白捡了一县之地和两万人马，开了个好局。等渡淮水时，又得两员猛将——英布、蒲将军（姓名不详）。

英布乃六县（今安徽六安）人，因犯法，被处过黥刑（在脸上刺字），因而又被称为黥布。

英布被判刑后，在骊山始皇帝陵寝工地服苦役，后来实在忍受不了，就逃了出来。秦法森严，英布能够得以逃脱，足以说明他胆大心细，颇有些能耐。

逃离骊山后，英布流落江湖，渐渐纠集了一帮人马，干起打家劫舍的勾当。

曾有人预言英布命中注定会遭遇两件大事，先会受刑，而后会称王。遭黥刑后，英布觉得预言算是应验了一半，那么称王也不是没有可能。正因为如此，待到听闻陈胜起义后，英布决定结束江湖生涯，带领手下数千人马，前往九江郡番县（今江西上饶市鄱阳县），拜见县令吴芮，想借助吴县令的声望，在乱世之中有所作为。

二人一见面，吴芮觉得英布气度不凡，很是赏识他，就将女儿嫁给了他。

不久后，英布听到陈胜兵败消息，遂带领兵马北上。途中遇到吃了败仗的吕臣，便兵合一处，在青波击溃秦军，重新夺回陈县。

得知项梁率军渡江西来，英布觉得自己目前还是势单力薄，于是，前来投靠项梁。至此，项梁已经有了六七万人马，驻扎在下邳。

接下来，项梁面对一个难题：如何对待楚王景驹。

项梁扛着复兴楚国的大旗来号召人心，如此就该臣服景驹，听从这位刚刚即位的新楚王的指挥，共同灭秦兴楚才对！

然而，项梁自视甚高，自认为出身名门，大将项燕之后，反观景驹没有任何根基和影响力，他岂会心甘情愿服从听命！

同样，景驹也没拿项梁当自己人，当他听到项梁渡江消息后，就与秦嘉驻军彭城（今江苏徐州市）之东，计划阻拦项梁西来。

称王之初，景驹想通过抗击秦军，打一些硬仗来建立威望，但苦于自己兵力不足，便派使者公孙庆到齐国，打算联合齐王田儋共同抗秦。

谁承想，田儋根本不承认景驹称王的合法性，当面责问公孙庆："陈王兵败，下落不明，景驹为何不请示齐国，就擅自称王了？"

公孙庆一听，当然不干了，当场反唇讥讽道："齐国也未曾向楚国禀明就称王，楚国为何要通报齐国？"

上门求人，还如此嘴硬，田儋一怒之下，下令将公孙庆拉出去砍了。

景驹本来根基浅、力量弱，又没有盟友，所以很快被项梁吃掉了。

此时，章邯的前锋军队已经抵达栗县（今河南省夏邑县），项梁兵分两路，一路由朱鸡石、余樊君率领去攻打栗县，另一路与项羽前去攻取襄城（今河南省襄城县）。

栗县一战，余樊君战死，朱鸡石仓皇逃了回来。当时，项梁刚攻下薛县（今山东省滕州市官桥镇），得知朱鸡石兵败归来，一气之下砍了朱鸡石的脑袋。

项羽付出沉重伤亡代价后，才勉强攻下襄城，气急败坏之下，下令将襄城军民，不论老幼全部坑杀。

前线作战接连受挫后，项梁开始着手为下一步谋划，便召集各路将军前来薛县商讨对策，楚地反秦力量得知消息后，都纷纷赶来。刘邦本打算投靠景驹，可如今项梁已取代了景驹，除了选择归附项梁，他一时也别无他路，故而也来参加会议。

人在乱世，想要活得久，只能选择与强者站在一起。

有位年过七旬的老人也来投奔项梁，此人名叫范增，居郹（今安徽巢湖西南）人。项梁正面临进退两难之际，迫切需要有人给他指点迷津，所以当银须飘飘的范增出现在楚军大营时，项梁眼前一亮，他本能感到这位老者不简单。

一见面，范增就单刀直入问道："将军可知陈胜为何失败？因为他犯了战略性错误！"

项梁没有言语，示意他继续说。

"秦用欺诈之术骗楚怀王到秦，胁迫割地，害得怀王客死他乡。至今楚人提及往事，犹然同情。楚国虽亡了，但楚人灭秦复仇之心从未改变，发誓'楚虽三户，亡秦必楚'。陈胜起兵后，没有选择立楚王后裔，却自立为王，这种做法，无疑是自取灭亡！"

项梁微微点头，范增继续说："将军起兵以来，楚国各地将领之所以争先恐后来投奔您，是念将军出自将门世家！指望您会重新拥立楚王室后裔为王，在新王的号召下，发起反秦战斗！"

范增的潜台词——项家要自立为王，下场也跟陈胜差不多。

楚国在战国时，疆域最为辽阔，可以直接与秦抗衡，时有"纵成则楚王，横成则秦帝"说法。楚怀王曾被推举为合纵长，率领六国兵力围攻函谷关，一度对秦人构成极大威慑。

然而，楚国虽然也曾经历过吴起变法和屈原"美政"时代，但都不彻底，没有从根本上改变世家大族把持朝政的局面，楚王也常常受到掣肘。正因为如此，没法做到合全国之力抗秦，最终只得灭亡。

楚国虽亡，但这些大族的势力并没得到彻底铲除，其根基犹在。如今项梁举兵反秦，唯有重新尊崇楚国王室，树起楚王大旗，才能号召这些人的支持。

项梁以谋逆称王罪名消灭了景驹，也不好自己称王，如今范增一席话，让他下定决心拥立楚国王室后裔。

楚亡后，王室或被杀，或四处逃散。项梁经过一番打探，找到了楚怀王流落民间的一位孙子，此人名叫心。亡国之后，昔日王孙已沦为一家大户人家的牧羊人。

对项梁来说，没有任何根基，又有王室血统的人物，无疑是最佳人选。既可以作为一面旗帜，号令众人，又好作为傀儡，方便操控。

项梁立心为王后，建都盱台（今属江苏省淮安市），为唤起楚人对楚怀王的哀思，坚定对秦人复仇的决心，对外依然称他为楚怀王，同时封陈婴为上柱国，领五县，项梁自称武信君。

此时的刘邦正在攻打丰邑。

投靠项梁后，刘邦首要目标就是从雍齿手中夺回丰邑。这一次刘邦带着项梁增援他的五千人马，还有十员将领，战斗力飙升。雍齿抵抗不住，只好弃城而逃，跑到魏国投奔周市去了。

刘邦顺利拿下了丰邑，总算出了心头一口恶气。

刘邦得偿所愿，张良却闷闷不乐。如今六国中，楚、赵、燕、齐、魏都已复国，就差韩国一家了，他向项梁提出，立韩国公子横阳君韩成为韩王，韩国光复故土后，愿做楚军侧翼，全力配合项梁反秦。

项梁权衡一番后，同意立韩成为韩王，让张良担任司徒，并给他们一千余人马，前往韩国开展复国运动。

攻防、受挫和秦廷骤变

张良返回韩国本土后，虽然也曾快速占领了几座城池，可惜他们军力太弱了，很快被秦军重新夺了回去。而刚立足未稳的魏、赵、齐等国，在章邯的猛烈打击之下，已自顾不暇，根本指望不上。无奈之下，张良只好带领残部在颍川一带打游击，以等待时机。

就在此时，魏、赵、齐三国接连发生内乱，王位易主。

内乱最先在赵国爆发。赵国大将李良在复国中立有大功，在夺回常山（今河北正定县）后，又出征太原。攻打要塞井陉口（今河北井陉县北井陉山上）时，只因井陉口一带秦兵重兵把守，李良一时无法突破，决定返回邯郸求救，重整旗鼓后，再作打算。

李良眼看要抵达邯郸，途中遇到一支队伍，其仪仗几乎和赵王差不多，李良一时难以分清，以为遇到赵王武臣出巡，急忙下马，跪匐在道旁迎接。

坐在车中之人，并非武臣本人，而是他的姐姐。此时她喝醉了，以为所遇之人不过是普通士兵，随意派了个人跟李良打个招呼后，连车窗都没开，就扬长而去。

作为一位将军，李良在部下面前遭到轻视，觉得又羞又恼，脸色很难看。将士中有人见长官受辱，站出来打抱不平："现在天下大乱，有本事即可称王，赵王本不如您，且一个妇人都如此傲慢待您，不肯下车回礼，让将军您蒙羞，还等什么呢，请将军下令杀了她！"

李良本是秦人，秦廷方面曾以秦二世名义招降过他。李良本还有些犹豫，如今气愤之下，他下定决心反赵降秦，遂立刻命人上马追上去，杀了武臣姐姐，而后快速进军，攻其不备，拿下了邯郸。

邯郸城破后，赵王武臣和丞相邵骚死于乱军。张耳、陈馀提前得知消息，逃出城来。

在逃亡途中，张耳、陈馀听从门客建议，跑到信都（今河北省邢台市），拥立前赵国宗室贵族赵歇称王。不久后，赵军卷土重来，陈馀打败了李良。李良走投无路，前去秦军大营，投靠了章邯。

此时，章邯正在攻打魏国，魏王魏咎被困于临济（今山东省高青县高城镇），情急之下，派国相周市亲自到齐楚求救。齐王田儋亲自率军来救援，楚国则由将军项佗、田巴赶来相救。

章邯实在厉害，很快打败了齐楚援军，而齐王田儋、魏相周市皆阵亡。

魏咎绝望之余，向章邯提出，他可以去死，但希望章邯放过城中百姓。在人生最后时刻，魏咎保持了一个王者的尊严和担当！

面对这样的对手，纵然是敌对方，也令人肃然起敬。章邯默然良久，答应了下来。

临济城头一团烈焰冲向天空，魏咎从容走向火堆，自焚身亡。

章邯也兑现了他的承诺，放过了临济城内的百姓。

魏咎弟弟魏豹趁乱逃了出来，跑到楚国求救，楚怀王支援了他数千人马。于是，魏豹再次杀回老家，后来又陆续夺回了一些城池。

至于田荣带领的齐军残部，狼狈逃到东阿（今山东东阿县），又陷入秦军包围之中，幸亏项梁不顾雨天路滑，前来救援，才得以突围，重新返回齐国。

田荣回国时才得知，国人已经拥立田儋弟弟田假为齐王，田角任相国，田角的弟弟田间为将军。

田荣一怒之下，驱逐了田假，立田儋儿子田市为王，自任齐国国相，封弟弟田横为将军。田假跑到楚国避难，田角和田间兄弟俩流亡赵国。

田荣得知后，向楚、赵提出交涉，要求两国要么交人由我来杀，要么你们自己动手杀掉。

对于田荣的无理要求，项梁一口回绝，同样，也被赵国拒绝。田荣恼羞成怒，遂不出兵与楚国一起抵抗章邯。

没有齐国人帮衬，咱们楚国人照样可以揍秦人！项梁命令项羽、刘邦率军去攻打城阳，另派一路楚军去攻打濮阳。

攻下城阳后，项羽下令屠城，城阳全城军民无一幸免。对于项羽屠城，刘邦保持了沉默。

反秦起义，项羽想夺回昔日失去的权力和地位，刘邦目的很简单，就是能够继续活下去。刘邦虽为人无赖，但出身民间，了解百姓苦难，但他目前根本无力阻止项羽杀戮，除了保持沉默，什么也做不了。

不过，两人之间的裂痕，已经形成了，他们注定有一天要分道扬镳，只是时间早晚而已。

濮阳城下，楚军初战告捷，可章邯绝非等闲之辈。为加强防线，他绕濮阳城深挖壕沟，引来河水注满壕沟，使得楚军短时间内很难突破。项梁想尽快扩大占地盘，不想在濮阳过多纠缠，命令项羽、刘邦去攻打定陶（今属山东菏泽市），依旧受阻，只好命他们放弃定陶，转战雍丘（今河南省杞县）。

雍丘之战最终以楚军胜利而告终，丞相李斯长子三川郡守李由战死疆场。雍丘城池沦陷之时，李斯的日子也过得非常艰难。

秦二世即位后，沉迷于酒色，厌倦朝政，将政务全交给赵高去处理，自己在宫中寻欢作乐，

刚开始，赵高挑些事务去汇报，但秦二世只想玩乐，对赵高说："你自

己看着办就好了，不必来烦我。”于是赵高独揽朝纲，不再将文武百官放在眼里，大肆打击报复政敌，凡是得罪过他的人，无不含冤而死。

不过只要李斯不被扳倒，赵高终究感到如鲠在喉，很不自在。

李斯为大秦丞相，是百官之首，又是先帝时期的老臣，其子女皆与皇室联姻，人脉极广，在朝野享有极高威望，可谓树大根深，想要扳倒他可不是一件容易事。

李斯虽然也贪权，但他将大秦社稷安稳和国家利益看得高于一切，看着大秦基业就要垮掉，心急如焚，却又无可奈何，因为秦二世把自己关在深宫之中，根本见不到人。

就在此时，赵高来找李斯了。

“如今关东大乱，盗匪横行，君侯作为大秦丞相，就不想站出来劝劝陛下吗？天下乱成一团糟，可皇帝却沉迷于声色犬马，我早就想劝他，奈何我人微言轻，在陛下那儿根本说不上话。”

李斯被赵高一番慷慨陈词打动了，说：“我也想劝劝陛下，可惜现在见皇帝一面都很难。”

赵高见李斯上钩了，立马说：“这事包在我身上，等皇帝一有空，就立刻通知您。”

没过几日，赵高果然派人捎话给李斯，通知他赶紧进宫觐见皇帝。

李斯匆匆忙忙入宫去拜见秦二世，秦二世正玩得开心，没空搭理他，还没说到重点，已被秦二世不耐烦地打发出来。

后来好几次都如此，李斯一时摸不着头脑。实际上是赵高暗中使坏，故意在皇帝玩乐高兴时，让李斯入宫。

秦二世被扫兴几次后，开始对李斯心生厌恶：“平常我空闲之时，丞相不来汇报，总趁寡人玩乐时来捣乱，是成心跟我过不去，还是欺我年轻，不将朕放在眼里？”

赵高趁机煽风点火道：“陛下要不问，我实不敢说，李斯对陛下心怀不满！"

秦二世疑惑了："他还有啥不满的？"

"当初沙丘宫密谋之时，李斯全程参与，自认为有大功于陛下，可您登基以来，却没给他升官，肯定心中不满！"

秦二世一听火就大了，他李斯官居丞相，位列三公，拜爵通侯，已位极人臣，还想要什么？

"陛下试想一下，丞相长子身为三川郡守，却放任盗匪在其辖区自由横行，这是为何？首先起来作乱的陈胜是楚人，丞相也是楚人，他们两个家乡相去不远，都是邻县之人，陛下不觉得其间有些蹊跷吗？更令人费解的是，楚国反贼经过三川城时，李由竟然装聋作哑，龟缩不出！"

秦二世气得脸色都发青了，然而赵高接下来的话，却让他有些害怕了。

"据说，李由和楚国反贼之间常有书信往来，保持秘密联络，由于一直还没拿到证据，我不敢向您汇报。这些话，也只有我才敢跟您讲，别人都不敢跟您提及，陛下您恐怕还不知道，现在在外面，丞相权力远比您大，世人如今只知丞相，不知陛下您哪！"

"他这是想干吗？！"秦二世气愤不已，却又想不通。

"丞相想称王！"

秦二世万万没想到，李斯竟然有这样野心！于是派人去调查李由勾结乱贼的证据。

李斯得知被赵高诬陷后，立刻上书揭发赵高，称若不严加提防，迟早有一天，他会像当年齐国田常取代姜齐一样，会取代秦二世。

可秦二世反驳道："赵高不过一介宦官，能掀起多大风浪！"

在秦二世看来，争夺皇位，不就是为了将江山传给子孙后代，身为宦官，赵高没有子孙，当然没有篡位动机了。在他眼中，赵高为人诚信守法，道德高尚；赵高为官廉洁奉公，努力工作；赵高做事精明强干，善解人意；赵高上能为皇帝分忧，下能深入民间，体察民生疾苦。

这样的人朕不信任，又能信任谁？这样的人朕不重用，又能重用谁？分明是李斯嫉贤妒能！

他转身就将李斯原话传给赵高，赵高立刻装作蒙受天大委屈的样子："现在朝堂之上，使丞相有所顾忌的，就我一人了，如果我死了，他自己恐怕要行田氏代齐故事了，我死不足惜，我是担心陛下您哪！"

李斯自然不甘心坐以待毙，于是与右丞相冯去疾、将军冯劫联名上书，指出如今关东民众蜂拥而起造反，被官兵诛杀的不计其数，仍难平息下去，究其原因是徭役、赋税实在太重，百姓实在不堪忍受。现请陛下停止阿房宫工程，减少四方戍边兵役、运输等徭役，让民众休养生息。

李斯想通过争取民心，为大秦续命，也是为自己寻活路。

可是秦二世却不这么想，他立刻反驳：徭役、赋税等都是先帝推行的，先帝能够从诸侯兼并天下，攘除四夷，又修建宫殿，安定天下，为何到了我这儿却行不通了呢？

朕即位不过才短短两年便盗贼四起，你们非但没法平息，反而要废除先帝开创的事业，你们既没报答先帝，也不为朕尽忠分忧，要你们有何用，你们又有什么资格占据高位？

在秦二世看来，先帝不会错，自己也不会错，错的都是你们这些臣子，天下大乱，并非朝廷赋税过重，而是你们这些臣子执行不力！

冯去疾、李斯、冯劫三人被秦二世歪理所震惊，一时竟不知如何回答。然而，秦二世并非将三位重臣斥责一番了事，而是紧接着下令将他们下狱。

打入大牢后，冯去疾、冯劫不愿意忍受酷刑折磨和狱吏的羞辱，选择自行了断，一死了之。李斯没有自杀的勇气，选择了苟活。秦二世让赵高负责调查李斯、李由父子谋反事宜，李斯的族人、门客都被逮捕下狱。

赵高一上来就按倒李斯，对他施加重刑。李斯受不了酷刑，屈打成招，含冤认罪。

李斯此时还对秦二世保留着一丝幻想，在狱中精心构思了一篇奏疏。

文章采用欲扬先抑，正话反说的手法，从表面上看，对自己大肆数落一顿，实则历数三十年来，他助始皇帝消灭六国，为国选拔人才，驱逐蛮夷，统一文字和度量衡等赫赫功绩。

李斯奢望秦二世念在自己往日功劳，网开一面，给一条生路。但是奏疏很快落到赵高手中。赵高轻蔑地说道："囚犯有何资格给皇帝上书！"随手扔了。

不过，李斯的奏疏倒是提醒了赵高，李斯虽认罪，但终不死心，必须断了念想才行。赵高于是让门客假扮御史、谒者、侍中，到牢房中假装询问案情，李斯以为是皇帝派他们来复核案情，便将以前的供述统统推翻，将自己蒙冤下狱，屈打成招等情况如实相告。

然而，他没想到的是，等这些人走后，他又被毒打一顿，如此反复多次，李斯被打怕了，也就彻底死心了。等秦二世真派人到牢中提审时，他难以分辨真假，不敢再翻供，便在供词上签名画押。

秦二世看到供词后，庆幸道："幸亏有赵高，若不然，我被丞相出卖了，亦蒙在鼓中，不得而知啊！"

此时，秦二世接到消息，李由已死于楚军之手。

李由一死，赵高更无所顾忌了。

李斯最终被判处具五刑，腰斩于咸阳市头，夷三族。

行刑之日，咸阳街头站满了围观的人。

李斯忆昔抚今，感慨万千。三十年前，他毅然走出上蔡家门，来到秦国，而后一步一步，升官加爵，享受荣华富贵，没想到到头来却以如此凄惨方式结束一生，早知道当初还不如选择留在家乡，做个普通人。

李斯回过头，看着身旁的二儿子，怅然若失地说："我现在多么怀念当年在上蔡老家的时光，如果有机会的话，你我父子二人牵上黄犬，一同到上蔡东门外追逐兔子，那该是多美好的情景，可惜永远没机会了。"

说完，父子二人相对无言，唯有失声痛哭。

李斯先被脸上刺字，而后割掉鼻子，砍掉左右脚，又被鞭刑，最后拦腰斩断，头颅被挂在高杆上示众，尸骨则被捣成肉酱，拿到市场上卖掉。可谓受尽侮辱和痛苦折磨。那一幕，令人毛骨悚然，犹如人间活地狱。

　　李斯一死，赵高顺理成章成了大秦的丞相，从此朝政大事，一切都是赵高说了算。

　　而此时在关东地区，项梁带领的楚军，正在与秦军生死相搏，大秦帝国已是风雨飘摇，覆灭之日屈指可数了。

第五章

决定成败在于机遇

西进、北上和怀王之约

击败章邯、除掉李由后，项梁开始有点骄傲自满了。有个叫宋义的人，劝他头脑要冷静，切不可被暂时的胜利冲昏了头脑。

宋义在楚国未亡前曾出任令尹，见识广博，做事谨慎，也算是德高望重之人。宋义反复劝说了几次，项梁非但听不进去，反而认为宋义胆小怕事，不足以谋大事，干脆派宋义出使齐国，图个耳根清净。

宋义叹了口气走了，他算是看出来了，项梁完蛋是迟早之事。

走在半路上，宋义碰到齐国使者高陵君显（高陵君为封号，名字叫显），听说他去求见项梁，便好心劝道："武信君失败是早晚的事，你最好别急着赶路，免得遭池鱼之殃。"

高陵君显一听，觉得反正也没有什么急事，抱着宁可信其有不可信其无的态度，放慢了赶路速度。没多久，高陵君显果然接到项梁兵败，战死定陶的消息。

项梁被杀时，项羽和刘邦正转战外黄县、陈留县（今河南开封市陈留镇）一带，将士们早已疲惫不堪，士气非常低落。项羽无奈之下，只得选择战略收缩，暂时回撤，作战方针由进攻转入防守。

随后不久，项羽将楚怀王从盱台转移到彭城，同时为防秦军来攻，加强彭城周边军事布防，命吕臣驻彭城之东，刘邦屯砀地，自己驻扎在彭城之西。

项梁死后，楚怀王不愿再做傀儡，想扩充王权，可是他不过是一个来自民间的放羊娃，毫无权力基础，没有嫡系人马，如何与项家争权呢？

怀王没受过多少教育，但处于权力核心圈，耳濡目染久了，多少也学了些帝王术。权力斗争看似复杂，其实无外乎分化瓦解对手，拉拢帮手壮大自己，如此而已。

怀王封项羽为长安侯，号称鲁公；任命吕臣为司徒，吕臣之父吕青出任令尹；任命刘邦为砀郡长，封武安侯，统领砀郡兵马。然后，宣布将吕臣和项羽麾下军队合并到一起，收回军权，由自己亲自指挥。

名义上看似大家都升官加爵了，实则各自心中滋味不同。

刘邦、吕臣等人自然欢欣鼓舞，因为他们都获得了实权。而项羽看似封为公爵，爵位最高，其实被釜底抽薪，明升暗降后，仅仅获得了个虚衔而已。

经过此次封赏后，各方势力在怀王心中的亲疏一目了然了——对项梁叔侄的江东子弟兵重点防范打压，对刘邦、吕臣等杂牌出身要拉拢利用。

不过，吕臣、刘邦、陈婴等人是否靠得住，怀王心中没底。除了一打一拉外，必须培养德才兼备直接听命于己的嫡系人马才行。

齐国使者高陵君显出使楚国期间，和怀王闲谈时，无意间透露了宋义对项梁败局的预言。怀王一听，非常高兴，觉得宋义见识非凡，又跟项梁不和，所以大可放心地为我所用。

宋义出使归来后，就被怀王召见，经过一番交谈后，怀王越发觉得宋义人才难得，便当场委以重任，提拔为上将军。宋义感激怀王知遇之恩，表示誓死效忠于他。

正当怀王向集权道路阔步前行时，项羽已怒火中烧，没料到怀王这个昔日的放羊娃，在叔父尸骨未寒之际，就忘恩负义，过河拆桥！

正当楚国朝堂权力洗牌之时，接到赵国紧急求救的消息。

原来项梁死后，章邯认为大患已除，楚国大势已去，不足为虑，便移师北上，渡过黄河，攻入赵国境内。赵国刚经过李良之乱，加上赵王歇新立，被秦军猝然间杀了个措手不及，秦军轻松攻下赵都邯郸。

赵王歇与张耳、陈馀仓皇出逃。

为彻底摧毁赵国，防止赵人重新集结，章邯下令摧毁邯郸城墙，城内居民悉数被迁往河内（泛指太行山东南与黄河以北地区，汉初设立河内郡）。

再说赵国君臣出逃后，张耳护送赵王歇进入巨鹿城（今河北平乡县西南），陈馀在逃亡途中，重新纠集了数万溃兵，驻扎于巨鹿城北，被称为河北军。

章邯驻军巨鹿南面的棘原（今河南安阳县西北部），大将王离率领秦军围困巨鹿城。

王离祖父王翦、父亲王贲，俱是大秦名将。始皇帝时期，王离作为蒙恬副手，北上驱逐匈奴，督建长城。蒙恬死后，王离独自肩负起捍卫帝国北疆的重任，手中三十万大军，是秦军中的精锐之师。

陈胜起义后，天下大乱，王离奉命率二十万大军南下平乱。

秦军大军压境，赵国危在旦夕，只得派人到各国求救。

以秦军之强大，完全封锁巨鹿城，其实不难做到，但令人意外的是，章邯有意放水，任由赵国使者跑出去。章邯这样做，其实有战略上的考虑。

自东出函谷关以来，数月间，章邯率大军数次往复渡过大河，行军数千里，将士们早已疲劳不堪。于是，他想以灭赵为契机，吸引各国军队至巨鹿城下，然后以逸待劳，围城打援，一举歼灭各诸侯国有生力量，一战而定天下！

正因为如此，王离围巨鹿后，他并未与之兵合一处，而是全力修建运粮甬道，从黄河岸边一直修到王离大营，将粮食源源不断送过去。

有了充足的粮草补给，王离也不急于求战，命令将士们只管养精蓄锐，做好战前准备就行。

而巨鹿自围城以来，城内粮食供应早被秦军切断了。张耳心急如焚，长此以往，待城内粮食消耗殆尽，不用秦军攻城，赵国君臣怕是要被活活饿死。

张耳有些怨恨好朋友陈馀见死不救，派人到陈馀军营，催促他尽快与秦军开战。只是，陈馀也有苦衷，他知道自己手中这点兵力，与秦军开战，无疑是自找死路。如今上上之策，就是盼各国援军早点到来，然后一起发起反击战。

转眼间，几个月过去了，张耳眼看着诸侯援军迟迟不来，而陈馀依然按兵不动，他近乎于绝望了，于是，再次派部下张黡、陈泽二人往陈馀军营催促说："想当年，你我可是生死之交，现在赵王和我命在旦夕，您坐拥数万大军，却置我们生死不顾，倘若您念及昔日友情，何不豁出去与秦人殊死一搏呢？至少还有十分之一二的胜算吧？"

陈馀闻言，既憋屈，又气愤。

"在没有任何胜算的把握下，只想着拼命，除了枉送性命外，根本于事无补。我的目的，不求与秦军同归于尽，而是替赵国保留最后一点力量，就算赵王和张先生不幸殉国了，还有人替他们复仇不是？"

张黡、陈泽不听，反而道："就算与敌同归于尽了，至少能够证明你对张先生信守诺言！"

陈馀说不过他们，只好说："并非我怕死，但要死有所值，既然二位言至于此，我先给五千人马，你们先去试探一下秦军如何！"

张黡、陈泽负气之下，带着五千人马走了。结果不出陈馀所料，全军覆没，无一幸免，张黡、陈泽也命丧疆场。

赵国危亡之际，各国态度很微妙，燕王韩广派部将臧荼前来救援，齐相田荣拒绝出兵，而齐国将领田都不满田荣见死不救，擅自出兵前来救赵。

张耳之子张敖，在代地聚集一万多兵力也赶来救援。

只是各路诸侯各怀鬼胎，畏惧秦军，不敢主动发兵作战，只想别人冲锋送命，好保存自家实力。所以，抵达巨鹿城下后，彼此观望，无人向敌人发起攻击。

章邯倒也不急着与诸侯援军开战，他在等待真正敌手的到来，那就是楚军。

此时的楚国朝堂，正为战略路线问题争论不休，具体来说就两派意见——究竟先北上救赵，还是先西进灭秦。双方各执一词，争执不下。

最后，楚怀王作出决断，西进灭秦和北上救赵可以分头行动，并提出："先攻入关中之人，在关中称王。"

这相当于与众将领签订了公共契约，这又是一份激励协议，鼓励大家争相入关灭秦，众人都表示赞同。

接下来就是分工问题，由谁来北上救赵，又由谁率师西征。其实这两路作战，哪一路都不轻松。北上救赵，面对的将是章邯、王离的秦军强悍主力部队，胜负难料；而西进之路，同样关山重重，道路险阻，胜算无几，要知道，自战国以来，五百年间，东方六国从未正面突破秦军防线，进入关中地区。

项梁死于秦人之手后，项羽只想为亲人报仇，主动提出率军前往救赵，与章邯决一死战。怀王马上同意了。

表面来看，自起兵反秦以来，项羽作战英勇，在战场上所向披靡，取得了辉煌的战绩。纵观楚国上下，也唯有他能与章邯一较高低，派他去救赵，自然再合适不过了。

不过，怀王其实也有私心。

项羽固然勇猛无敌，但他暴虐嗜杀的性格也招来不少非议。

襄城之战后，城中百姓无论长幼，全被项羽坑杀，实在骇人听闻，如果让他入关，只怕激起秦人拼命反抗。

至于西进入关之人，怀王心中早就另有人选，他就是刘邦。

怀王觉得，相比年轻气盛的项羽，刘邦老成持重多了，由他率兵西征，更稳妥一些。

陈胜、项梁起义先后遭受重挫后，义军中不少士卒走散，散落各地。怀王命令刘邦一路向西，重新聚拢这些人，而后走南线西进入关，项羽待解除赵国之危机后，从北线西进入关。

不过，怀王对项羽还是有些不放心，于是让宋义担任上将军，号称"卿子冠军"，统领全军，项羽为次将，范增为末将，都归宋义节制。

秦二世三年（公元前 207 年）十月，援军终于出发了。

勇气、魄力和巨鹿城

宋义统率大军行军至安阳后，下令安营扎寨，就地待命。

宋义此举，颇让项羽感到意外，两军作战抢的是时间，本当日夜兼程，抢占先机才是，为何半途盘桓，无故浪费时间？再晚些时日，若赵国支撑不下去，被秦人灭了，岂非对我更不利？

项羽心中虽有不满，但苦于受宋义节制，不好随意质疑统帅的作战部署，只得暂时忍气吞声了。

谁承想，楚军驻扎安阳后，整整四十六天过去了，宋义依然没有丝毫动静。将士们不明就里，军心开始有些涣散了。

项羽忍无可忍，找宋义去理论："秦军围赵，军情危机，迫在眉睫，不知上将军何故在此踟蹰不前？还望马上渡过大河，与赵军里外夹击，一举击败秦军，若再浪费时日，我怕真来不及了。"

宋义听后，眼皮都没动一下，不急不缓地说道："足下之论，好比只拍死叮咬牛身的虻虫，却难以伤及隐藏在牛毛丛中的小虮虱。章邯虽强，也不过是围绕牛身的牛虻而已，而我们真正要对付的敌人，就是秦国。为了达到这个目的，其他一切都可以从长计议！"

项羽不爱读书，不知宋义究竟说什么。

宋义有些得意地解释说："与其掺和秦赵之战，还不如静观其变，等他们分出胜败再说，若赵国取胜，咱们再趁机对付已是疲惫之师的秦军，如果赵国战败，咱们擂鼓西进入关，一举灭秦！"

项羽才明白，宋义要坐山观虎斗，坐收渔翁之利，气得一言不发。

宋义以为项羽被他打动了，用得意扬扬的语气说道："要论身披铠甲，手执长矛，两军阵前冲锋陷阵，我不如将军。可要说运筹帷幄，制定战略，将军就比老夫差远啦！"

项羽听出来了，宋义在嘲讽他只懂得蛮力，却不懂如何用兵。

项羽不想磨嘴皮，气呼呼地离开了宋义的军帐。

项羽走后，宋义重申军令：全体将士继续养精蓄锐，原地待命，敢有违背军令、擅自行动者，一律定斩不赦！

很明显，这是冲着项羽来的。

出兵救赵乃楚国君臣商定国策，宋义半道止步不前，坐观成败，就不怕因贻误战机被治罪吗？

唯一的缘由，就是他得到怀王的暗中授意。

个中缘由也不难理解，怀王决不允许桀骜不驯的项羽夺了抗秦援赵的功劳，否则将来他功高盖主，更难节制，最好让宋义抢得头功，退而求次，能拖则拖，为刘邦争得时间。一旦刘邦抢先一步入关灭秦，届时项羽有再大功劳，也只能屈居刘邦之下。

项羽哪想到这么多，只顾自个儿生闷气。

恰好此时，他听闻宋义派儿子去担任齐国国相，且亲自一路送至无盐县（今山东东平县无盐村南），大摆筵席宴请宾客，饮酒作乐。

宋义作为上将军，不顾救赵大计，却盘算自家儿子仕途！消息传开后，招来众将士的不满，只是畏惧宋义权势，不敢发作而已。

项羽觉得可利用众人对宋义的不满，一举除掉他，夺回军权。

于是，他私下召集部下，当众慷慨陈词道："我们受怀王之命，前往救援赵国，只为与秦军决一死战，不料，却在此停滞不前。当前营中已无存粮，将士们仅靠蔬菜拌豆子充饥。我们唯有尽快渡河，从赵国境内取得粮食补给，才是当务之急!"

众将士听后无不点头称是，项羽继续说："可有人不顾将士挨饿受冻，自己大宴宾客，吃喝玩乐，拒不渡河，以秦之强大攻击疲弱新立赵国，取胜是意料之中，我们哪有等秦军疲惫后，再攻之的机会，秦人会自动变弱小吗? 我军近来受挫，武信君殉国，楚王以举国之兵托付上将军，指望能扭转不利局面，谁料他非但不体恤将士，只考虑自己利益，他素来以忠臣自居，但观其所作所为，哪有丝毫忠臣模样?"

将士们怒火被点燃了。

十一月，某日，宋义回到军营。

项羽闯入宋义大帐，二话不说，直接将其杀死，砍下脑袋，拎着走出帐来，展示给将士们说："宋义秘密勾结齐国，阴谋反楚，幸亏楚王英明，已暗中命我就地处死他!"

众将士本就对宋义不满，况且现在人已死，当下异口同声说道："当初将军家拥立楚王，首倡大义，光复楚国，如今又诛杀乱臣贼子，为国再立新功，上将军一职该您来担任，请勿再推辞。"

项羽便宣布自己代理上将军一职，然后派人追杀了宋义之子宋襄，待处理停当后，再派桓楚去向怀王汇报事情经过。

得知宋义被杀，怀王震惊之余，也只能面对现实，正式拜项羽为上将军。重夺军权后，项羽立即下令当阳君英布和蒲将军，领兵两万渡过黄河驰援巨鹿。

英布和蒲将军渡河后，先破坏秦军运粮甬道，断了敌人的后勤补给。

得知楚军来援，陈馀派人前往项羽大营，敦促他立刻率军渡河北上。项羽此时已肃清了楚军内部反对力量，掌握绝对指挥权，遂命令大军渡河，时在秦二世三年(公元前 207 年)十二月。

一场决定秦楚命运和关乎天下格局的大战即将爆发。

此战秦胜，六国之人又得任由秦人奴役宰割；楚赢，则海内列国获得自由，将命运掌握在自己手中。

此战乃绝地之战，唯有抛弃一切幻想，断绝一切后路，将自己彻底逼入绝境，才能向死而生！

渡河后，项羽手指身后滔滔大河，对将士们说："我们将迎来最强大的敌人，诸君务必抱着必胜的决心，否则就休想活着重返楚地。请大家凿沉船只，砸烂一切锅碗瓢盆，烧掉营帐，我们现在已经一无所有，除了拥抱胜利，别无所择！"

受到鼓舞的楚军将士们，立刻行动起来，船被凿穿，沉入江底，炊具悉数被砸，而后一把火烧了大营，在项羽带领下向巨鹿进发。

楚军身上只带了三天口粮，成败在此一举了！

半道上，前末代齐王田建孙子田安背叛田荣，前来与项羽会合。楚军抵达巨鹿城下，来不及稍作休整，就立刻对王离军营发起冲锋。

数月来，秦军一路势如破竹，已有些懈怠和轻敌，加上粮道被英布和蒲将军切断后，将士们吃不饱肚子，战斗力自然下降了。所以双方初次交锋，秦军有些被动，反观楚军，抱着死中求生的决心而来，所以王离很快败下阵来。

项羽不容敌人喘息，下令继续攻击，连续发起九次战斗。楚军将士们个个奋勇当先，士气如虹，秦军不甘失败，拼命反击，负隅顽抗，企图挽回颓势。

各路诸侯援军拥上军营壁垒，围观秦楚两军厮杀，面对空前激烈的战斗，胆战心惊，无人敢跨出军营一步。直到秦军全面溃败，各路诸侯才赶紧出兵，夺取战争胜利果实。

秦军惨败，损失严重，都尉苏角战死，王离副将涉间自焚而亡，而王离本人被俘。

战斗结束后，各诸侯将领前往楚军大营拜见项羽。众人进入辕门后，见军营内一派肃杀，刀剑如林、盔甲鲜明，项羽威风凛凛，端坐于中军大帐，不怒自威，众人不由得腿肚子发抖，纷纷匍匐在地，跪行至项羽脚下。

实力决定一切，众人奉项羽为诸侯联军的上将军，统率节制各国军队。

项羽一战而名扬天下，自此各国无人敢挑战楚军盟主地位。

巨鹿解围，赵国得救了。

赵王赵歇、国相张耳前往楚军大营答谢项羽。在感谢宴会上，宾主相谈甚欢，胜利来之不易，现场处处洋溢着喜悦的氛围，赵王频频举杯，向项羽表达发自肺腑的感激之情。

席间，张耳和老朋友陈馀重逢了，他恨透了陈馀，恨他见死不救，恨他背信弃义，陈馀也是有苦难言，解释不清。

到现在，张耳才知道自己下属张黡、陈泽已死，他有点不信二人死在秦军手里，反而怀疑两人由于催促陈馀出兵，被陈馀加害了。

陈馀顿时觉得受到奇耻大辱——你误解我没及时出兵，还能理解，决不能如此诋毁我的人格！一怒之下将军印摔给张耳，出门如厕去了。

张耳也不过一时气愤，但话出口后瞬间有点后悔了，从内心深处，他也不相信老朋友会如此绝情寡义。谁知，此时一位门客劝他收回陈馀军权："古话云'天予不取，必受其咎'，国相何不趁机收回陈将军军权，您还在犹豫什么呢？"

门客一席话，坚定了张耳摇摆不定之心，他拿定主意后，立刻将军印拴在腰间。

陈馀本也一时赌气，如果张耳幡然醒悟，说点挽回的话，两人肯定能重归于好。可当他从厕所返回时，发现将军印已佩戴在张耳身上，顿时心灰意冷，便拂袖而去，带领数百亲信隐居大河之畔，整日垂钓狩猎度日，逍遥江湖。

答谢会结束后，赵王歇返回信都了，张耳则留下来，与项羽一起继续迎战秦军。

王离全军覆灭，章邯下令大军暂时后撤，选择有利地形安营扎寨，以避楚军锋芒，两军暂处于对垒相持阶段。

从战术上讲，章邯的做法完全正确，毕竟大胜之后的诸侯联军，士气正盛，而秦军新败，将士们情绪低落，此时最好办法就是保全实力，恢复元气，然后再等待战机。

如今，章邯手下尚有二十余万大军，待休整后，还能一战，最后鹿死谁手尚未可知。

然而，最大的敌人从来不是来自战场，而是来自身后。

听闻巨鹿大败后，朝廷派使者来斥责章邯，并督促他立刻与敌开战。章邯心中清楚，名义上使者传达的是皇帝诏书，其实是赵高之意。

两军交战，最怕后院起火。

章邯决定派长史司马欣回京，向赵高汇报前线战况，并解释一下自己的战略意图。司马欣快马加鞭，疾驰返回咸阳，在司马门外苦等三日，连赵高的面都没见。

赵高不露面，意味着什么，司马欣也明白了。

军情如火，时间不等人，再不能耗下去了，司马欣决定抓紧时间紧赶回去，向章邯汇报。在返回途中，他多了个心眼，没有原路返回，另外选一条道赶了回去，才逃过了赵高的追杀。

司马欣马不停蹄返回大营后，将此行情况如实向章邯做了汇报。

章邯听后，一时陷入迷茫，感到进退两难。

司马欣见状，劝道："如今赵高专权，忠臣良将没有出路。假如我们战胜楚军，功盖赵高，以他嫉贤妒能之心性，绝难容忍将军您的风头压过他，如败了，更难逃一死。看来无论胜败，我们都难逃一死，全军将士的生死全在将军一念之间，何去何从，还望将军您深思啊！"

章邯一时不知作何回答，出关东征以来，他早将个人生死置之度外，只是自己一死容易，可麾下二十万秦军将士怎么办，他们本是刑徒之人，陪自己出生入死，还不是为了寻条活路，可如今连点希望都没有了，出路又在哪里？

新丰坑、巨野盗和高阳酒徒

正当章邯两难之际，接到了陈馀的一封信，信的内容大意是：

秦国有史以来名将都不得善终，比如白起南下破楚，北上败赵，坑杀赵国四十万大军，为秦国攻城略地数不胜数，但难逃被赐死的命运；又如蒙恬北逐匈奴，拓土千里，最后还是被处死。其中原因就在于功劳太大，朝廷赏无可赏，只能处死。赵高不过是靠着拍马溜须爬上去的，为推卸责任，他肯定将您作为替罪羊，无论有功无功，您的结局早已注定。如今秦国庙堂之上，您无人可依靠，在外独自奋战，想要保全自己，怕是难以长久，事已至此，何不临阵倒戈，与诸侯联军一起反秦，尚可裂土称王，愿走哪条路，您看着办。

看完陈馀的信，章邯内心有些动摇了，决定派一名叫作始成的属下到楚营，探听项羽口风，不过始成白跑了一趟，项羽不同意纳降。

项羽早看出来了，章邯迫于形势才投降，他想彻底摧毁秦军斗志，唯有如此，他们才会心甘情愿地投降。

于是，项羽派蒲将军领兵昼夜兼行，渡过漳水三户津，对秦军发起攻击，秦军战败。随后，项羽亲率领楚军再次在汙水（在邺城西，具体位置不详）大破秦军。

秦军接连战败，固然与双方战力有关，但也不排除章邯为了求和，故意放水的可能。

章邯吃了败仗后，再次派人求和。

项羽确信，章邯现在求和，绝没诈降的可能，况且接连大战后，楚营中粮食也已短缺，再无力打场持久战，若是威逼太甚，将章邯逼入死角作困兽斗，反而对楚军不利，于是同意约和。

在洹水之南的殷墟，项羽和章邯一起对天盟誓，签订和约，章邯宣布向楚军投降。项羽封章邯为雍王，留在楚军大营，让司马欣担任上将军，率领改编后的秦军向关中进发。

诸侯军中有不少人曾被押解到关中服徭役，或先集中到关中，然后被发往各地屯戍，其间受尽秦军嘲笑、鞭笞、责骂，对秦军恨得咬牙切齿，所以对秦军降卒任意打骂，不拿他们当人。

对于章邯降楚，秦军将士其实争议很大，有些人并不赞同，加上投降后遭受种种屈辱，秦军降军中弥漫着不满情绪。

有人说："我们被章邯将军蒙骗，逼迫投降，看看如今咱们过的什么日子。倘若接下来攻打关中战事顺利，还好说，咱们好歹回到故里，但如果失利，我们必然会被胁迫，跟着诸侯联军东撤，朝廷为了打击报复，必然会株连我们的父母和妻儿老小，到时候，又该怎么办？"

此番话在秦军降卒中引起了很多人的共鸣，大家纷纷附和。

秦军不满言论，很快被安插到降俘营中的楚军眼线侦知，立马上报给项羽。

项羽听闻后，不敢掉以轻心，当下召集英布、蒲将军等人商议。

项羽忧心忡忡地说道："秦军人数众多，选择投降只不过是迫于形势的无奈之举，待进了函谷关，假如他们拒绝服从命令，发动哗变，我们肯定难以约束，与其待局面无法收拾再想对策，还不如趁早除掉，你们怎么看？"

众将领都表示同意。

大军行至新安县（今河南义马市千秋镇二十里铺村附近），项羽下令除了雍王章邯、长史司马欣、都尉董翳等原秦军高级将领以外，将二十万秦军降卒全部坑杀。

不过，坑杀二十万人，数字很可能夸大了。

估计新安被坑杀之人，只是部分对项羽心怀不满降卒，而相当一部分人还是追随章邯、司马欣、董翳等人入关了。或许章邯为了保住一部分人性命，只好被逼无奈地牺牲了另外一部分人。

项羽新安坑杀降卒，看似清除了不稳定因素，但如此残暴之举，也失去了人心，为后来失败埋下了伏笔。

项羽巨鹿激战、新丰杀降之际，刘邦正在另一条战线上与秦军激战，不过与项羽的简单粗暴相比，他很注重笼络民心。

刘邦刚从彭城出发时，兵微将寡，大多数人都不看好他。好在刘邦取道砀县（今河南永城市芒山镇），至成阳和杠里一带，就打了个小胜仗，没多久，又在成武打败了东郡郡尉。

秦二世三年（公元前207年）十二月，刘邦率军到达栗县，从刚武侯（姓名不详，身份不详）手中夺了四千多人马，后来又合并魏将皇欣、武满的一支小部队。

值得庆幸的是，由于秦军主力随章邯去河北了，刘邦遇到的都是些小股部队，基本属于小打小闹。

刘邦带军行至昌邑县（县治在今山东省巨野县城南昌邑村）时，一名叫彭越（字仲）的江洋大盗和帮手前来相助。

彭越一直在巨野泽（古代著名大沼泽，今山东巨野县境内）捕鱼，顺便与人结伙，干着打家劫舍营生。

陈胜吴广起义后，就有人怂恿彭越造反，不过他并未同意。

短短一年间，天下风云激荡，众人再次推举彭越挑头起事，彭越才勉强答应了，约大家于次日日出之时于某地集合，要求任何人不得迟到，否则斩首！

第二天集合时，有个人直到中午，方姗姗来迟，前来报到。

彭越严肃地说道："我年纪大了，本不想揽事，是你们执意要我挑头，第一天集合，就有人迟到，拉出去斩了！"

不管众人如何求情，他还是坚决将那人斩了，彭越用一颗人头立威，很快做到了令行禁止。不多久，彭越便拥有了一支一千余人的队伍。

听到刘邦要攻打昌邑消息后，自然他们的敌人都是秦军，彭越便赶来协助攻城。不过，就算有了彭越助阵，刘邦还是没攻破昌邑。刘邦志在关中，昌邑只是路过，既然一时半刻攻不下，也不想在此再多纠缠，遂撤兵继续向前。

刘邦走了，彭越没有追随而去，依旧留在了巨野泽，不过他们注定还会重逢，两人的故事才刚刚开始。

刘邦继续西行，途经高阳（今河南杞县高阳镇）时，军中恰好有个骑兵是本地人，当兵打仗生死难料，路过故乡，特意请假回家探望一下亲人。

在回家路上，他遇到了父亲的一位老友，老人家名叫郦食其，已是六十多岁，是一名看管里门的小吏。

郦食其博览群书，可惜家中一贫如洗，衣食难以为继，只好干起守大门的营生，若不意外的话，注定要在贫困潦倒中度过余生。

不过，对这样一位没有任何成就，没有一官半职的糟老头，就是当地地方官和豪强，也不敢轻易招惹，谁都知道这老头不好惹。周围的人都背后称他为狂生。

近几年，陈胜、项梁的队伍，从他门前过去了好几拨，随便加入哪支队伍，以他的能力，混个一官半职，可以说手到擒来。

但郦食其耳闻目睹了太多事，知道这些人刚愎自用，容不下人，没一个靠得住。所以，为避免招人瞩目，他一直低调隐藏。

直到这一天，见到了刘邦手下的这名骑兵。

遇到故人之子，又听说他来自刘邦军营。郦食其便提出，希望他帮忙引荐一下自己。

可这名骑兵看上去有些为难。

"您恐怕不知道，沛公最不喜欢的就是你们这些儒生，以前有些儒生来投奔，他很讨厌儒生们动辄咬文嚼字，好说大话空话，被他一顿臭骂不算，还揪下人家儒巾往里撒尿，甭提多尴尬了，我劝您老还是别自讨没趣了。"

郦食其似乎没被吓到，反而说："你见了沛公就说我老家有位郦先生，已六十多了，身高八尺，人们都称他为狂生，但他自己却不以为然。"

骑兵战士推托不过，只好说："那我去试一下，不过您千万别以儒生模样去见他。"

"记得了，你尽管去吧。"

骑兵战士回去后，如实向刘邦禀告。

刘邦本就有点玩世不恭，一听有这么个怪老头，觉得有点意思，便传话给郦食其，让他来见自己。

郦食其赶到后，言语很诚恳，态度很谦和，恭恭敬敬让人将自己名刺递了进去。

刘邦当时正在洗脚，便问："来者是一个怎样的人？"

传话之人说："看他峨冠广袖，像个读书人，该是位很博学的儒生。"

刘邦一听儒生，顿时来了气："出去转告他，说我忙于谋划征讨和天下大事，没空见一名儒生，让他早点滚！"

传话之人没办法，只好将刘邦原话转达。

谁料郦食其怒睁圆眼，手按宝剑，大声喝道："滚回去再转告沛公一声，老子是高阳酒徒，并非儒生。"

传话之人吓了一跳，不小心手中的名刺掉到了地上，急忙捡了起来，一溜烟跑进去，再次向刘邦通报："外边那个人，真是个壮士，他一声喝，吓得我将名刺都没拿稳，掉在了地上。"

刘邦听后，顿时来了精神："他说啥来着？"

传话之人哆哆嗦嗦说："他说'滚回去，给我再次通报，老子我是个高阳酒徒'。"

刘邦一听，这人有点意思，合自己口味，便说："请客人进来！"

郦食其进屋后，看见刘邦正坐在床沿上，两名侍女在给他洗脚，顺势作了个长揖，然后不卑不亢站立一旁，明知故问道："请问沛公打算何去何从？是想帮秦攻打诸侯呢，还是想率诸侯灭秦呢？"

刘邦最厌恶有话不好好说，非要绕个弯弯道道的儒生做派，遂破口大骂："你这酸儒，说的全是屁话！天下人都被秦朝害惨了，吃尽了苦，遭够了罪，如今诸侯都纷纷起来抗击暴秦，我怎可能帮助它去攻打诸侯呢？"

郦食其摆出一副不以为然的样子，"我看不像，如果真想起兵讨伐暴秦，就应该礼贤下士，招揽天下英雄豪杰，收拢民心才对，可看您现在对待长者的傲慢架势，哪有一点抗击暴秦的样子？"

刘邦猛地似有所悟，感到自己有点过头了，忙站起来，顾不得擦脚，穿戴整齐，扶郦食其坐下，命人准备酒菜，请郦食其一起吃饭。

席间，刘邦请郦食其坐主宾席，为自己刚才失态道歉。

见刘邦摆正了态度，郦食其便和他纵论天下大事，说得头头是道，刘邦听完喜出望外，发现眼前这位其貌不扬的老头子是位当世高人，虚心请教道："那么请问先生，你看我接下来该怎么办？"

郦食其答道："您手下这帮人，充其量也就是一群乌合之众，满打满算尚不足万人，就这点兵力，与强秦抗衡，无疑是羊入虎口。不过，我倒是可以为您指一条明路。"

刘邦一听，立马喜上眉梢，请郦食其赶紧讲。

郦食其便说："沛公若想要成就大业，就从先占领陈留开始，陈留地处天下要冲，交通便捷，城内粮食充足，城墙高大坚固，我和陈留县令私交不错，我愿替您走一趟，劝他归降您，如果他不听劝告，我就在城内为您做内应，您从外攻城。有了陈留这样地盘，您何愁大业不成！"

刘邦一听欢喜得不得了，立刻说："行，我全听您的！"

郦食其在刘邦住处没有太多停留，归去后，就去拜访陈留县令。

"如今天下大乱，天下人都起来反抗秦朝暴政，您应该顺应潮流，站出来一起抗秦才是，没想到您却顽固不化，还为这样的朝廷守城，我私下里常为您的安全担忧啊！"

陈留县令一听郦食其这番话，吓破了胆，他只想做个太平官，从没想过造反，马上回绝道："就冲您这番话，按秦律已是灭族的大罪了。别再胡说八道了，我不会按您说的去做。"

郦食其见他听不进去，知道再费口舌也是白搭，便没再说话。陈留县令以为老友也就随口一说，所以也没把郦食其的话当回事，当晚，还让他留在自己住处。

夜半时候，郦食其趁陈留县令不注意，杀掉他，带上首级，连夜从城墙溜下来，一口气跑到刘邦军营。

不得不佩服，这位六十多岁的老人家体力和身手很不错。

刘邦命人将陈留县令脑袋挑到竹竿上，展示给守城士兵们看，冲城头喊话："大伙儿赶紧投降吧，你们县令都被我斩首了！"

县令一死，城内群龙无首，众人一合计，同意开城投降。

郦食其不但给刘邦送了一座城，还送了一支军队。原来，他弟弟郦商在陈胜起义后，到处招兵买马，已有了几千人马。在兄长推荐之下，郦商率部归附了刘邦。

占领陈留，使得刘邦一夜之间有了大量兵器和粮食，在陈留三个月期间，他大量招募士兵，队伍扩大到了数万人。

刘邦特别感谢郦食其，封其为广野君。此后，郦食其帮刘邦周旋于诸侯之间，争取盟友，化解危机。

在刘邦一生中，手下能臣良将无数，萧何、张良等人论能力远胜过郦食其，但跟他们在一起，永远是君臣关系，真正能够让他没有任何思想顾虑的，唯郦食其一人。

他们都属嬉笑怒骂皆出乎自然的真性情之人，多年后，即便郦食其已死，刘邦仍然对他念念不忘。

挫折之后再出发

第六章

入关、灭秦和轵道受降

离开陈留后，刘邦前去攻打开封县（属荥阳郡），不过作战并不顺利，遂转攻白马县（属东郡，今河南濮阳县一带），打败秦将杨熊，后又在曲遇再次击溃杨熊。

杨熊逃到荥阳，被秦二世派来的使者斩首。

刘邦又攻下颍川郡（治阳翟，今河南禹州市），也许颍川之战，给刘邦以重创，他出于报复进行屠城。

张良自和刘邦分别以来，与韩王成在颍川打游击，得知刘邦消息后，便带领人马赶来会合，两人久别重逢，非常高兴。

有了张良相助，刘邦很快平定了韩地。

张良算是看明白了，仅靠自己，复兴韩国毫无希望。

令他感到惊讶的是，与刘邦分别，不过数月时间，刘邦已脱离项梁叔侄，拥有了一支数万人的大军。

于是，张良向韩王成提出，想跟随刘邦一起西征伐秦，韩王成同意了，而他本人留在了阳翟。韩襄王的庶出孙子韩信，在韩国亡国后，一直隐居在民间，得知刘邦要入关灭秦，前来为刘邦效力。刘邦见韩信生得仪表堂堂，身高八尺五寸，便任命他为将军，留在营中。

就在此时，刘邦得知原赵王武臣旧部司马卬也打算渡过黄河，攻函谷关入秦。

若别人抢先一步，捷足先登，自己岂不是白忙活了，刘邦赶紧北上，进攻平阴县（治孟津），切断黄河渡口，断了司马卬渡河南下念头。秦二世三年（公元前207年）六月，刘邦经洛阳南，穿越辕辕山，占领阳城，进攻南阳郡。在犨县（今河南鲁山县）以东，击溃南阳郡守吕齮，吕齮被迫出走宛城（今河南南阳市）。

刘邦一心尽快攻入关中，不打算再跟吕齮纠缠，直接引兵西去，攻打武关。

张良觉得不妥，他给刘邦分析指出，武关历来易守难攻，若孤军深入，万一久攻不下怎么办？如此前有险关，后有敌军，怕要陷入万劫不复之地。

刘邦恍然大悟，立刻下令返回去围攻宛城。

经过数月征战，刘邦军队一批能征善战将领脱颖而出，比如樊哙、郦商、周勃、夏侯婴、灌婴等人。

夏侯婴本是沛县负责养马驾车的小吏，两人关系很密切，有一次，刘邦由于开玩笑过火，误伤了夏侯婴。

秦法规定，无论有意还是误伤，伤人都属犯罪，要受重罚，隐瞒不报，罪加一等。刘邦身为亭长，知法犯法，要罪加一等。夏侯婴对外谎称是自己不小心弄伤的，可很快此事就被揭穿了，因做伪证，夏侯婴被重责数百板子，还在牢里待了一年多。

刘邦起事以来，每逢开战，夏侯婴都率领战车部队冲锋在前，为后方步兵作战打开局面。

至于周勃，原本家境贫寒，靠编制蚕具为生，业余之时，靠给沛县大户人家丧礼做鼓吹手，捞点外快。周勃生得孔武有力，自幼习武，弓马娴熟，能拉开硬弓。周勃的过硬武艺，在后来战场上有了用武之地，为刘邦立下了赫赫战功。

灌婴原是睢阳一名贩卖丝缯的小贩。当初，项梁兵败雍丘，战死沙场，刘邦狼狈溃逃砀县途中，灌婴投奔刘邦帐下，担任内侍中涓官，负责刘邦生活起居。每次作战，灌婴都争着向前冲，屡败秦军，刘邦对他非常器重。

而众将中，尤其樊哙打起仗来不要命，每逢作战，他都身先士卒，多次第一个登上敌方城头。在宛城之战，樊哙再一次冲在最前。

夜色中，刘邦下令卷起旗帜，摸黑儿行军。待天色发白，已将宛城团团围住。

吕齮眼看大势已去，打算自杀，一死了之。

关键时刻，他的舍人陈恢站出来，劝阻道："敌军还未进城，您就寻死，是否有点过早了？不妨缓缓再做打算，也犹未晚。"

当天夜里，陈恢潜入刘邦军营，求见刘邦。

"听说怀王有约，先攻入咸阳者为关中王，是有这回事吧？"

刘邦不想否认，只能点头承认。

"您是担心一旦离去，就怕宛城守军断了后路。可是宛城之大，加上周围数十座城池，您一时半会恐怕也拿不下，现在城内守军觉得，反正大不了一死，还不如坚守到底，时间一长，且不说伤亡，耽误您抢先入关称王，才是头等大事！"

陈恢句句在理，刘邦一时不知如何反驳。

陈恢紧接着说："若是您和南阳郡守签约，接受他投降，给他升职后，原地驻守，如此南阳郡守得以保全，而您没了后顾之忧，得到一支军队，大可放心西去，有了宛城示范效应，其他地方守军肯定也会争着向您投降。"

刘邦闻言，喜出望外，立刻答应下来。

在陈恢的穿梭斡旋之下，宛城危局最终和平解决，事后刘邦封吕齮为殷侯，继续驻守宛城，至于陈恢，受封千户食邑。

此后，果然如陈恢所言，刘邦一路上少了很多阻力，沿途不少地方纷纷开关投降。

待刘邦抵达丹水县（今河南淅川县西），守将戚鳃、王陵开门归降。刘邦随后回攻胡阳（今河南唐河县湖阳镇），遇到吴芮部将梅鋗，两人兵合一起，攻打析县和郦县（大致在今河南内乡县），两地很快都投降了。当年八月，攻破武关（位于今陕西商洛市丹凤县东武关河北岸），抵达蓝田县南部的峣关，咸阳遥遥在望了。

章邯兵败投降后，赵高已感到大秦帝国即将崩溃，不过，他也有自己的盘算，就算失去山东六国地区，还可以退守关中，割据一方没问题。

关中秦地素称四塞之地，有关河之险，易守难攻，从未被攻破过，赵高想，只要保住秦人基本盘不失，即可富贵无忧，至于诸侯叩关之事，不知要等到猴年马月，遥不可及。

对秦二世，赵高严密封锁消息。秦二世自始至终都认为不过是一些地方小蟊贼在闹事罢了，所以，整日在深宫之中吃喝玩乐，不理政事。

然而，秦军在关东战败，诸侯军逼近关中的消息，在咸阳市井早已传开。赵高担心万一朝臣中有人私下给秦二世报信，该如何是好？为了使朝堂上与己不同心之人显形，他决定做一次测试。

某日朝会，赵高牵来一头鹿，然后问秦二世："陛下，请看眼前牲畜是什么？"

秦二世以为赵高在开玩笑，便笑道："丞相为何问如此简单问题，朕虽说见识不广，但鹿还是识得。"

谁知赵高一脸严肃地回答说："陛下错了，这哪是鹿，分明是一匹马，不信您询问一下大臣们。"

秦二世不以为然地说："那好，诸位仔细看看，这到底是鹿还是马！"

朝堂上赵高的亲信们，立刻懂了赵高用意，异口同声说："陛下错了，眼前明明就是马！"

只有少数几个人坚持道："这不就是一头鹿嘛！"

秦二世有点怀疑自己眼神了，再仔细看，眼前仍然还是鹿，但大家都说是马，难不成自己判断真出了问题？此后，未免再当众出错，在国政大事上，他就不随意发表意见了。

朝会后，凡是说鹿的大臣，全让赵高给秘密处决了。

从此，再无人敢跟赵高发表不同意见了。不过，赵高也没得意太久，他很快接到刘邦率领楚军攻破武关的消息。

义军都打上门了，赵高再想隐瞒，恐怕做不到了。秦二世虽很听话，但丢掉祖宗江山，他肯定不干。若得知楚军即将兵临城下，定会找他算账。

此时，赵高才感到怕了，索性称病在家，不去上朝。

秦二世做了一个噩梦，梦中他乘车出游，忽然跳出一只白虎，将拉车的左骖马咬死了。被吓醒后，秦二世感梦境不祥，让占卜师给他解梦。占卜师说："这是泾水神在作祟。"

秦二世遂在望夷宫斋戒，然后命人将四匹白马投入泾河，祭祀河神。祭祀完毕后，他总觉得有点不对劲，开始怀疑梦境之事是否跟关东贼寇作乱有关，赵高总说贼人难成气候，但为何至今不见大军凯旋，不见有人来献俘？渐渐对赵高有了疑心，便命人到赵高府上，斥问关东剿寇到底进展如何，为何近来不见汇报？！

赵高挨了皇帝训斥，后怕之下，决定铤而走险，当下找来女婿咸阳令阎乐和弟弟赵成，密谋杀掉秦二世，立公子子婴为帝。

秦二世即位后，对自己同胞手足大开杀戒，始皇帝子女无一幸免。子婴善于韬光养晦，让秦二世和赵高误以为他是个废物，所以才逃过一劫，活了下来。

赵高拥立子婴为君，不过是拿他做任意摆布的傀儡。

然而，子婴绝非毫无魄力的胆小怕事之辈。蒙氏兄弟下狱后，他曾仗义执言，劝秦二世不要听信谗言枉杀忠良。虽没救下蒙恬兄弟二人，但在高压恐怖之下，敢站出来说话，表明他非寻常懦弱之人。

关于子婴身世，在史书中，有四种说法：一是秦二世的兄长的儿子；二是秦二世的兄长；三是秦二世的叔辈；四是秦二世的堂兄。按照年龄，第三种的可能性比较大一些（见《史记·李斯列传》），但也仅仅是推测，至于他的真实身份，永远不得而知了。

时间很紧迫，赵高怕晚了来不及，命阎乐带兵杀入望夷宫，一路遇到的抵抗之人，一律格杀勿论，径直杀入皇帝寝宫。秦二世大声呼叫侍卫，可惜无一人敢上前护驾。

阎乐逼视着秦二世说："足下骄横恣意，滥杀无辜，如今整个天下之人皆已背弃了您，抓紧时间考虑一下自己吧！"

秦二世自认为待赵高不薄，提出想见见赵高，被阎乐一口回绝。无奈之下，秦二世说："实在不行，我只想要一个郡来称王。"

阎乐依然冷冰冰回答道："不行！"

秦二世只好又说："若还不行，我愿意做个万户侯。"

阎乐仍然冷冰冰回答道："不行！"

秦二世只好哀求道："好吧，那我什么都不要了，只求携带妻子儿女去做个平民百姓。"

阎乐一阵冷笑，说："我奉丞相之命，替天下百姓诛杀足下，说再多废话，都没有用！您看是自己动手，还是需要我们帮忙！"

秦二世只好自杀身亡。

逼死秦二世后，赵高召集朝臣、宗室公子，宣布秦二世死讯，并说，关东六国又重新复辟，大秦新君不能再称帝，恢复称秦王。

为保住个人富贵和身家性命，赵高在宣布立子婴为秦王的同时，私下派人与刘邦接触，为自己留后路。

赵高暗中与楚军勾结之事，很快被子婴得知。

子婴明白，赵高立他为王，不过权宜之计，随时都会除掉自己，与其坐以待毙，不如主动抢先下手，干掉赵高。

按照礼制，新君登基，需要先独辟一室，斋戒五日，以示珍重，然后在负责礼仪官员引导下，至宗庙，向秦国列祖列宗告祭，接受天子印玺，才算礼成。

子婴和两个儿子谋划一番后，决定在家闭门不出。

五天后，子婴依旧不出门。赵高接二连三派人去催促，子婴仍然毫无动静。赵高很恼火，不过，子婴好歹是准秦王了，总不能将其绑了押往宗庙拜祭，只得暂时强压心头怒火，亲自前往子婴府上迎接。由于太过自信，赵高让随身卫队留在外面，独身一人去见子婴。进门后，赵高冲着子婴大声呵斥道："国家大典在即，公子为何迟迟不动身？"突然一道剑光闪过，赵高没来得及哼一声，脑袋就搬家了。

子婴下令，灭赵高三族。

子婴即位称王，成为秦国六百年来最后一位君主。

此时，刘邦已绕过峣关，在蓝田击溃秦军后，驻军霸上（今陕西西安东南，是秦军卫戍京城重地）。

赵高秘使来到刘邦营中，密约均分关中，并立称王，但被刘邦拒绝。都打到家门口了，才来约和谈条件，晚了！

刘邦正准备攻打咸阳，得知秦廷发生政变，赵高被处死，子婴已称王，便派人去咸阳，要求子婴无条件投降。

子婴无兵无粮，穷途末路，坐守困城，再做抵抗都毫无意义，除了平添一些枉死冤魂外，根本无法改变大秦灭亡的命运。

子婴选择了投降。

刘邦带领楚军浩浩荡荡向咸阳进发，行至轵道亭（今陕西西安东北处）时，看见秦王子婴跪在道旁，脖子上系着绳子，手里捧着天子印信，迎接刘邦到来。

在短暂受降仪式后，刘邦让子婴和他一起进咸阳，入城后，给子婴安排起居饮食，严禁闲人滋扰。

迷失、夜访和鸿门杀局

刘邦自小过惯了穷日子，没过过几天舒适生活，举兵造反后，又天天担惊受怕，过着刀口舔血的日子，从沛县到咸阳，一路走来，可谓历经九死一生。当他进入咸阳后，被秦宫奢华惊得瞠目结舌，犹如置身天堂，如痴如醉，一头扎入深宫，开始肆意放纵，不可自拔了。

此时有一人忙不迭奔赴宫室档案库及丞相府、御史大夫府等地，将所有图文档案、地理图册、户籍档案、典章书籍等抢救保护起来，他就是萧何。

有人嘲笑他说，放着金银珠宝不要，却拿这些竹简木牍当作宝贝。萧何不置可否地付之一笑，他深知这些文献远比金银宝贵，破坏一个世界容易，但将来要恢复社会秩序，开创国家基业，离不开这些档案资料。

凡是头脑稍微清醒之人，都看出来了，照目前这个样子下去，原本高举诛灭暴秦义旗的楚军，很快会失掉民心，丧失道德制高点，用不了几天，就会走上亡秦老路。

只是碍于面子，没人敢站出来，去劝谏刘邦。

反倒是樊哙这个粗人，顾不了太多，直接入宫找刘邦，劝他赶紧出面，约束一下外面乱兵。

刘邦玩乐正在兴头上，根本不听劝。

樊哙没法子，跑去拽上张良一起去找刘邦。

张良一见面，便问刘邦："以秦之强大，却骤然灭亡，沛公能够以布衣之身躺在咸阳宫，可知为何？"

刘邦低着头，不吭声。

张良自问自答道："只因秦朝残暴无道，失去天下人心！沛公怀着为天下人铲除秦朝暴政的初衷，带领将士们一路披荆斩棘，方进入关中，攻下咸阳，本该向世人展示勤俭朴素之际，却为何只顾享乐起来了？难道现在真可以高枕无忧了吗？俗语说得好，'忠言逆耳利于行，良药苦口利于病'，还望您多听听樊哙的建议！"

自入关以来，就有人私下给刘邦出主意："如今天下这么乱，您业已拿下关中，就别再掺和关东诸侯那些明争暗斗了，干脆直接封闭函谷关，关起门来称王关中，舒舒服服过日子就是了。"

这番话正中刘邦下怀，这几年来，他也实在太疲惫了，听信了别人鬼话后，只想好好享受享受。

刘邦虽一时糊涂，但听完张良的话，马上清醒过来，忙向张良致歉，然后立刻动身出宫，下令封闭宫室，安抚城内百姓，严禁士卒趁火打劫。

而后，刘邦率兵撤出咸阳，回驻霸上。头脑短暂发昏后，刘邦很快反应过来，目前还不是捞钱和沉迷于温柔乡的时刻，现在头等大事是设法在关中站稳脚跟。于是，他召集关中各县地方上有头脸的人物到霸上军营，当众宣布废除秦朝一切旧法，只保留三条：杀人偿命；伤人和抢劫者，按犯罪严重程度给予惩处。随后刘邦说："自己来关中，是为了为民除害，不会欺凌百姓，大家尽管放心安居乐业好了。"

接下来，刘邦又派人跟原秦朝官吏到各地巡回宣传他的约法三章。

秦地百姓得知后，非常开心，争相拿出酒肉粮食酬谢刘邦部下士卒。刘邦一律谢绝，称自家库藏粮食都多得吃不完，哪需要给父老们再添麻烦。

长期以来，关中百姓受够了秦朝官吏的欺压，立马被刘邦宽松的法律和人道的政策所吸引，就怕刘邦不留下做秦王。

就在刘邦入关刚过一月，项羽率领诸侯联军攻破函谷关，杀入关中而来。

当初各自从彭城领兵出征时，项羽本没将刘邦太当回事。然而，他没想到，当他巨鹿大战，威震诸侯之时，刘邦却捷足先登，抢先一步进入咸阳。

项羽认为，是他消灭了秦军主力，胜利果实却落到他人手中，所以心里憋着火。新安坑杀降卒后，日夜兼程，直奔函谷关而来。

刘邦入关后，一时头脑发热，经不住他人鼓噪，派兵把守函谷关，想把诸侯们拒之门外，然后关起门来做关中王。

不承想，在项羽属下猛将英布猛攻之下，函谷关最终还是被攻破。项羽率军渡过大河，长驱直入关中，暂驻戏水西岸的鸿门（今陕西临潼新丰镇鸿门堡村）。

大兵压境之下，刘邦军营内部人心惶惶，刘、项二人势力太过悬殊，一旦打起来，刘邦肯定难敌项羽。于是，有些人开始暗自私通勾连，为自己谋后路。刘邦属下左司马曹无伤悄悄派人捎信给项羽，说："沛公想关中称王，为笼络秦人，打算以子婴为丞相，独吞咸阳所有珍宝。"

项羽闻讯后，勃然大怒，下定决心，决不轻饶刘邦，他命将士们秣马厉兵，做好战前准备，待次日吃过早饭，一举消灭刘邦。

章邯、王离数十万秦军，都被自己击败，吃掉刘邦这点人马，更不在话下，项羽自信满满。

项羽麾下雄兵四十万，刘邦兵力不过十万，双方力量非常悬殊，若开战，刘邦必输无疑。

项羽的首席参谋范增，此刻却隐隐约约有点担心。

范增素来老谋深算，他知道，项羽作战勇猛，战场上以一敌百，所向无敌，然而，有时做事迟疑不决，颇有些妇人之仁，为君者，当杀伐决断，不能讲小仁小义，唯有冷酷果决，才能执掌天下。

对于项羽的作战能力，范增很放心，怕就怕项羽一时踌躇，放过刘邦，错失良机，便想趁项羽怒火攻心之时，再给他添把柴火。

"沛公此人本乃市井无赖，既贪财又好色，可我听说，他入关后，反而不再敛财，疏远美女，他不再沉迷钱财美色，只能说明有了更大野心。据我派去观察云气之人回来报告，刘邦军营上空五彩云气聚合，呈现龙虎之状，这可是天子之气征兆！我们应该趁刘邦羽翼未丰之际，一举灭了他，可不要错过目前大好机会！"

项梁死后，项羽对范增不再直呼其名，而是尊称亚父，以示尊重。

二人谈话时，项羽叔父项伯也在场。

项伯当初避祸下邳，曾蒙张良收留庇护，一直感念于心，不敢忘怀。现如今，刘、项两家大战在即，覆巢之下安有完卵，为报答张良救命之恩，他决定冒险去提前知会一声。

趁着夜色，项伯摸黑溜出军营，一路快马加鞭赶到霸上。

进入刘邦军营，见到张良后，项伯将大致情况跟他简要介绍了一下，称目前局势严峻，若再留在刘邦身边，断无活路，劝他赶紧收拾一下，跟自己一起走。

张良也知道，刘、项二人分道扬镳是迟早之事，但没料想到来得如此之快。若撇下刘邦和将士们，只顾自己，径自去逃命，岂不被天下人所耻笑！

正当张良思考如何应对时，项伯还在一旁不停催促，劝他别再犹豫了，赶紧出发。

张良沉吟片刻后，对项伯诚恳地说："我奉韩王之命，追随沛公入关，如今形势危急，如果就这样不辞而别，未免太不仗义了。临行前，可否让我跟他道别一下？"

张良所言，是情理之中的事，项伯也不好拒绝，只好叮嘱他抓紧时间，长话短说。

于是，张良转身紧急求见刘邦，把项伯的话如实汇报给刘邦。

刘邦听完大惊失色，急得团团转，"这可如何是好，这可如何是好！"

"沛公，到这个节骨眼了，赶紧说实话，您到底是怎么想的？"张良催促道。

刘邦只得承认："有人给我出馊主意，说只要守住函谷关，拦住诸侯联军，不让他们入关，我就可以安心做关中王了，我也信以为真了。"

张良急得跳脚，说："沛公您也不想想，凭咱们这点兵力，能挡得住项羽吗？"

刘邦自知理亏，不知如何回答，半晌才低声说："这还用说，肯定不如项羽，只是眼下该怎么办呢？还望先生帮忙拿个主意。"

张良只好说："如今只能将所有希望寄托在项伯身上了，愿他能在项羽那边，替您解释一下，说您从未有背叛之心。"

在生死关头，项伯能跑来报信，刘邦觉得此人看重情义，顿时心里有了主意，便问张良："论年龄，先生与项伯孰长？"

张良回道："他比我大。"

"好好好，那我就按兄长之礼待他，赶紧请他进来见见面。"

张良出来请项伯进去，项伯本不想见刘邦，但也不好驳张良面子，只好进去相见。

刘邦态度异常殷勤，亲自给项伯斟酒，主动提出两人结为儿女亲家。这样一来，酒也喝了，亲也攀了，双方的气氛开始有所缓和了。

背着侄子给敌方通风报信，项伯颇有些尴尬，但事已至此，便当面问刘邦："外面都传言您想关起门来做关中王，可有此事？"

刘邦立刻拍着胸部，信誓旦旦地说："项将军一家对我有恩，我绝非那种忘恩负义之人，自入关后，便对吏民登记造册，统计人口，对府库财货一律封存，未动丝毫，专等上将军前来接收。至于派人去把守函谷关，是为防盗贼作乱，绝非针对项将军，我可是盼着上将军早日到来，哪有反叛之心，其中曲直和误解，还望项伯兄在上将军面前代我澄清一下！"

话都说到这份儿上了，项伯再也不好意思推辞，便叮嘱刘邦："该说的我一定转达到，成与不成，尚未可知，但明天您务必亲自上门向上将军道歉和解释。"

说完，项伯不敢再多停留，急匆匆回去了。

回到营中，他忙去找项羽，将此行经过及刘邦原话复述了一遍，并帮腔道："不管怎么说，沛公还是有功的，若非他提前入关，我们哪能如此轻松进得来，现在反去攻打人家，怎么都说不过去吧，不如给他个请罪机会，看他怎么说。"

项羽本来耳根软，经项伯一劝说，态度开始出现松动，便答应接见刘邦。

第二天天刚亮，刘邦携百名护卫骑兵，与张良和樊哙、夏侯婴等人一起前往项羽营中请罪。

刘邦知道项羽为人，与他对抗，怕不会有什么好下场，若是放低姿态，或许还有一线转机。

对刘邦来说，为了保命，认怂装孙子，从来都不是个事儿。

来到项羽大军驻地后，刘邦让樊哙带着卫队留在外面，他则在张良陪同下进去参见项羽。一进入大帐，他立刻趴在地上，面朝项羽高声请罪："我和上将军一起反击暴秦，将军转战河北，我奋战于河南，不过侥幸先一步入关，一别半载，在关中再与上将军重逢，实在令人欢喜，只是没料到，有小人从中作梗，使上将军与我产生隔阂，让在下惶恐不安。"

刘邦一席话，项羽脸色缓和了不少，如实说："是沛公的左司马曹无伤给我捎信，不然我何以知内情。"说完安排酒宴，请刘邦和张良入席。

宴席席位安排也颇有用意，项羽、项伯坐西朝东，范增坐北朝南，对面便是刘邦，张良却安排到项羽对面。

张良虽侍从刘邦，但论身份，他还是韩国臣子，与刘邦是盟友关系，让他独坐一面，以示尊重，本无可厚非。不过，如此安排真正的目的，是想把张良和刘邦分开。

与张良各居一席，刘邦内心有些惴惴不安，一旦遇到突发之事，想让张良帮他拿个主意，都很难了。他用眼角余光观察了一下项羽，见他只顾饮酒，难以看出他内心想些什么。

再看看对面的范增，已有些焦躁不安了，不断轻声咳嗽，然后频频摆弄腰间玉佩，听得出来，他似乎在暗示什么。

刘邦猛地明白过来，范增在催促项羽早下决断，不过，项羽看上去还在犹豫，一时下不了决心。

刘邦有些坐卧不安，有一口没一口地喝酒。

范增按捺不住了，出来找项羽堂弟项庄。

"上将军心肠太软，被刘邦花言巧语所蒙蔽，咱们这些做臣子的却不能这样坐视不理，待会儿你进去给大家敬酒，然后以助兴名义舞剑，寻找时机干掉刘邦！要是今天让刘邦走脱了，将来你我都会为他所擒，不得善终。"

项庄答应下来，跟随范增一起入帐。

刘邦见项庄佩剑执盾走了进来，感到有些不妙。

项庄给众人敬完酒后说："军营中缺乏娱乐活动，如此饮酒甚是乏味，请容许我给大家舞剑助兴一番如何？"

项羽也感到有些沉闷，当即表示同意。

项伯马上反应过来，站出来说："一人舞剑，哪比得上二人并舞，我愿和项庄一起为大家助兴！"说完，拔剑与项庄对舞起来。

项庄舞剑之际，剑锋屡屡直指刘邦，皆被项伯巧妙化解，使他一时没法得手。

张良一看不对，立刻溜出大帐，一路小跑，跑到军营门口找樊哙。

刘邦进去半天了，毫无动静，樊哙正在着急，见张良有些慌张地跑了出来，便迎上去问道："里面状况如何，沛公没事吧？"

张良喘着气说："现在情况万分紧急，来不及细说，项庄正在舞剑，恐怕意图对沛公不利，你赶紧进去瞅瞅！"

樊哙急了，大声嚷嚷道："形势如此危急，快让我进去，我要与沛公生死与共！"说完操起盾牌和利剑，就往里冲。

门口卫兵想拦住樊哙，怎奈樊哙力大无比，执盾用力一扛，卫兵们纷纷被撞倒在地。樊哙趁势闯入大帐，一眼就看到坐在西面主席位置的项羽，便面西而立，须发皆张，怒目圆睁，双眼直直盯着项羽，似乎就要冒火。

突然闯进一位不速之客，项羽出于本能，坐直了身子，手下意识按到腰间剑柄上，问道："来者何人？"

张良马上介绍道："是沛公参乘（贴身侍卫）樊哙。"

项羽观樊哙非常豪壮，用略带赞赏口气说："樊哙正乃壮士也！给他赏赐一杯酒。"

左右人员递来一大杯酒，樊哙接过一饮而尽。

项羽笑道："给壮士再赏一条猪腿下酒。"

左右人员端上一条没煮过的猪腿，樊哙满不在乎，将盾牌倒扣在地上，把猪腿放在盾牌上，直接用剑割生肉，放在嘴里大嚼起来。

项羽被樊哙的豪迈所感染，问他："壮士，还能再喝酒不？"

樊哙一边嚼着肉，一边说："死都不怕，一杯酒算啥！"然后一抹嘴慷慨陈词道："秦王有虎狼之心，杀人唯恐杀不完，给人处刑恐刑罚不够重，以至于天下大乱，海内豪杰都起来反抗。当初在彭城，怀王和众将领们约定'先攻破秦地，进入咸阳之人为关中王'。如今，沛公先一步攻破了秦地，进入咸阳后丝毫不取，下令封闭宫室，返回驻军霸上，一心只等您的到来。"

樊哙语锋一转，说："沛公为防止发生意外，特派人把守函谷关，立下这么大的功劳，就算封侯也不为过，谁知上将军入关伊始，非但没有任何赏赐，只因小人闲言蜚语，就要杀有功之臣，请问这是什么道理？假如您执意如此，怕是要步暴秦后尘了，我实在为您不值，还望您多加考虑！"

项羽没想到，樊哙表面粗犷，实则粗中有细，一番说辞有礼有节，实在无懈可击，一时不知如何反驳，只好说："壮士且坐下说话。"

樊哙顺势在张良身旁坐了下来。

樊哙意外搅局，使得范增的刺杀行动，一时无法进行下去了。

刘邦心想：此时不走，更待何时，便借口去上厕所，顺便把樊哙也叫了出来。

"我想趁现在有空，直接离去，可没来得及跟项羽辞别，怕有些不合礼数。"刘邦多少还有些顾虑。

樊哙马上说："都到了什么时候，哪顾得了那么多，自古做大事者不拘小节，现在人为刀俎，我为鱼肉，一走了之便是！"

刘邦便让张良暂时留下来，代他向项羽致歉。

张良觉得总不能空手说话，提醒刘邦："沛公来的时候，随身可带礼物？"

刚才在席上，刘邦乱了方寸，都忘了给项羽送礼，经张良一提醒，才想起来，说："我来的时候，带了一只白璧，本想献给项羽，另外一只玉斗，送给范增，只是刚才无暇提到，你就替我献给他们吧。"

刘邦随后又嘱咐张良："现在原路返回恐怕来不及了，我打算经骊山下，取道芷阳，从小路返回，你且别急着跟项羽打招呼，待我们差不多到营后，再进去也不迟。"

刘邦来的时候由夏侯婴驾车，现在情况紧急，为了尽快返回，他决定不再乘车，改骑马返回。樊哙、夏侯婴、靳彊、纪信等四人，无马可骑，便握剑持盾步行，从小道返回。从鸿门到霸上，相去四十里，改走小道，节省不少路程。

项羽等了半天，不见刘邦返回，派都尉陈平来催，张良估摸刘邦差不多已到军营，便跟着陈平进去。进入大帐后，张良向项羽致歉："沛公喝醉了，没法亲来辞别，只得让在下替他向上将军献上礼物。"

项羽问："沛公现在在哪里？"

张良据实回答："沛公觉得您对他有些误解，怕被责备，只好先回去了，现在大概已到了霸上营地了。"

项羽心中虽有些不快，但还是接下玉璧，放在座席上。

范增得知刘邦已逃脱，心中非常恼火，又恨项羽优柔寡断，错失良机，在接过玉斗后，放在地上，拔出剑狠狠地击碎，而后冲项羽愤愤道："唉！跟你这臭小子，无法共谋大事，将来与你争天下者，必是沛公，错过今日机会，看来我们这些人，早晚都会沦为沛公阶下之囚。"

项羽一时无言以对，只好默不作声。

项羽放走刘邦，并非是不知其中利害关系，而是他不屑于搞阴谋诡诈这一套，他与刘邦不同。刘邦为达到目的，根本不顾脸面，什么阴损招数都能使得出来。但项羽名将世家出身，自幼受贵族教育熏陶，宁愿在战场上真刀真枪比拼，若使下三滥招数，他下不了手。

项羽是英雄，刘邦是无赖，英雄往往纠缠不过小人，英雄做事有底线，而小人做事没下限。刘邦正是拿捏住了项羽这一弱点，步步为营，逐渐由弱到强，转败为胜。

鸿门宴上放走刘邦，是项羽一生中最大的失误。而刘邦回去后，立即下令将叛徒曹无伤杀了。

焚城、分封和暗藏祸根

汉高帝元年（公元前206年）十一月，鸿门宴后没过几天，项羽率大军进入咸阳。

项羽入咸阳后，接连做了两件混事，一是杀了秦王子婴，二是火烧咸阳宫。项羽亲自点燃第一把火，然后命令将士们四处放火。秦国精心营建的咸阳化为一片火海，大火整整烧了三个月，昔日帝京，沦为一片焦土。

而后，项羽又去刨掘始皇帝陵寝，只因骊山陵墓太过庞大，士卒们挖了许久，也没找到墓道口，便将陵园地面建筑破坏殆尽后，收手作罢。从这两件事不难看出，项羽缺乏一个成熟政治家的气度和战略眼光。

项羽志得意满，以为大仇已报，只想带着财物东归。此时，有个韩姓书生站出来劝他说："关中有山河之险，易守难攻，且沃野千里，是定都和建立千秋霸业的绝佳之地，您就这样放弃了，实在可惜。"

只是咸阳经此浩劫，已破败不堪，项羽实在不想留在这里。

现在他只想返回故乡，炫耀自己的丰功伟业，便对韩生道："人生在世，若是富贵了不回到家乡，让家乡父老得知，就如同穿了锦绣衣服在大晚上走路，有谁看得见？"

韩生没想到项羽眼界竟然如此狭窄，大丈夫当建立万世功业，扬名于后世才对，怎可只想如何在乡邻面前显摆？他无奈地摇了摇头，扬长而去。

一出门，韩生逢人讥讽道："我以前听人说，楚人就像戴了帽子的猕猴一样，徒有人形罢了，本来还有些不相信，今天和项羽一谈话，才知道说的一点没错，太没出息了！"

没出几天，韩生的话传到了项羽耳中。

项羽勃然大怒，腐儒竟敢背后损毁我，立刻下令搜捕韩生，抓住后也没讯问，直接投入大锅给活活煮杀了。

秦朝灭了，未来天下怎么办？按照怀王之约，先入关者为王，当然是让刘邦做关中王。项羽自己不想留在关中，可也不情愿刘邦得了便宜。只是，他也不想背负违约恶名，便派人到彭城请示怀王。

明明有约在先，还揣着明白装糊涂，派人去请示，项羽就是想借怀王之口废除约定，然后按自己想法办事，也就显得名正言顺了。

项羽很自信，怀王若不傻，肯定会识趣，做个顺水人情。

但令项羽感到意外的是，使者从怀王那儿带来的只有两个字"如约"——就是依照既定方针办事，潜台词是让刘邦关中称王。

这一来，可算把项羽彻底惹恼了，既然你不知趣，就休怪我无情。

项羽当即召集各路诸侯将相一起商讨："怀王本是我叔父项梁所立，没什么功劳，只不过天下大乱之初，立他就是为了树立一杆讨伐暴秦的旗子，三年来冲锋陷阵，消灭秦朝者，还不是我项羽和在座诸公！为何让他来主持约定？裂土封王是你我之事，与怀王毫无关系。"

诸侯将相们只在乎自家利益，其他的根本没人在乎，在场之人纷纷赞成项羽主张。于是，项羽遥尊怀王为义帝，名义上抬高了怀王身份，实则完全架空了他。

各路诸侯都在摩拳擦掌，准备分享胜利果实。

对关中之地，项羽绝不愿交给刘邦，奈何世人都知刘邦是首个入关灭秦之人，众目睽睽之下言而无信，若招来诸侯不服，背上不履行约定的骂名，在舆论上陷于被动，无法约束天下诸侯，实在得不偿失。

项羽和范增商量一番后，决定采用偷换概念的办法，诡辩称汉中也是属于关中之地，封刘邦到汉中、巴蜀之地做汉王，建都南郑（今陕西汉中市）。

自秦时起，巴蜀就是流放犯人之地，当地民风彪悍，管理成本太高了，范增意在使刘邦被地方治理事务缠住，无余力与项羽争夺天下，此计实在歹毒。

至于关中，项羽以秦都咸阳为界，一分为三，封给章邯、司马欣、董翳三位秦朝降将。咸阳以西之地封给章邯，称雍王，建都废丘（今陕西兴平东南）；咸阳以东到黄河地方封给司马欣，称塞王，建都栎阳（今陕西西安阎良附近）；咸阳北面的上郡之地封给董翳，称翟王，建都高奴（今陕西延安）。

章邯被封王道理很简单，只因他在秦楚对峙关键时期主动卸甲投降，有效减少了楚军的伤亡，大大缩短了楚人灭秦的时间，不然项羽也不会这么快就能率领诸侯联军杀入关中。

而董翳原本是秦军的一名都尉，在秦军降楚过程中，章邯正是在他的劝说下，才下定决心投降，所以封王也不为过。

至于司马欣被封王，完全是项羽为了报答他的救命之恩。原来，项梁早年游历关中，不知何故扯上人命官司，按秦律难逃一死，幸亏遇到了时任栎阳狱掾的司马欣，从中周旋，项梁才逃过一劫，项羽是个恩怨分明之人，这份情义他一直没有忘。

另外，项羽将关中封给章邯、司马欣、董翳，看似奖励实则甩包袱。秦人生性刚烈，本就不好管理，何况项羽先在新安坑杀二十万降卒，入关后，又在关中烧杀抢掠，种种新仇旧恨之下，关中父老怎肯甘愿臣服楚人？最好的办法就是以秦人制服秦人。

在秦人眼中，章邯、司马欣、董翳三人投敌叛国不说，又引狼入室，将咸阳化为一片焦土，关中父老早对他们恨之入骨。

项羽不用担心三位降王和秦人能上下同心，起来反叛他。

假使刘邦不老实，想从汉中重返关中，必先经过三秦之地，他们为保住地盘，不敢不用命。如此一来，三降王和刘邦相互制衡，无力反对项羽。

将关中、汉中、巴蜀等秦国故土分封完后，项羽又打乱山东六国旧疆界，划分为十四国，加上三秦和汉，天下封为十八个王国，分别如下：

魏国一分为二，分为西魏和殷国，魏王豹改封为西魏王，建都平阳，称王于河东之地（今山西临汾西），原赵王武臣部将司马卬，因平定河内之功，封为殷王，建都朝歌（今河南淇县）。

原赵国国相张耳宠臣申阳，在巨鹿之战后，抢先攻下洛阳，在黄河边迎项羽南下，受封为河南王，建都洛阳（今河南洛阳东）。

韩国没有变动，仍旧归韩王成，以阳翟（今河南禹县）为都。

张耳追随项羽入关，封为常山王，下辖原赵国之地，建都襄国（今河北邢台），原赵王歇改封为代王，定都代县（今河北蔚县东北）。

英布追随项羽后，在救赵灭秦过程中，战功卓著，受封九江王，建都六县（今安徽六安北）。

鄱君吴芮率百越之兵与诸侯并肩作战，后又追随入关，封为衡山王，建都邾县（今湖北黄岗北）。

楚国柱国共敖率兵攻打南郡，功绩卓著，封临江王，建都江陵（今湖北江陵）。

燕国将领臧荼曾参与救赵，又追随项羽入关，故封为燕王，建都蓟县（今北京西南）。原燕王韩广没参加巨鹿之战和入关灭秦，被远徙辽东，建都无终（今河北蓟县）。

齐国将领田都和前末代齐王田建之孙田安俱参战救赵，后又参与灭秦行动，故封田都为齐王，建都临淄（今山东临淄东），封田安为济北王，建都博阳（今山东泰安东南），齐王田市被改封为胶东王，建都即墨（今山东平度东南）。

吴芮部将梅鋗奉命配合刘邦作战，在攻取南阳郡析县和郦县等地战斗中屡立战功，入关之战中更是功勋卓著，按理也该封王，只是他站错了队，只封了个十万户侯。

另外，考虑到陈馀在反秦战争中影响较大，项羽将南皮县（今属河北）周围三县封给他。

项羽自立为西楚霸王，下辖九郡，建都彭城。

只是彭城目前仍是楚怀王的都城，名义上他还是诸侯总盟主和项羽上司，两人共居一城，项羽觉得不自在。项羽诛杀宋义夺权后，怀王仅有的支持者也没了，就剩下空头衔罢了。

他之所以不放弃入关约定，不外乎想利用诸侯和项羽之间矛盾，为自己争取生存空间，只可惜没有任何实力，单凭一张约书，就想束缚项羽手脚，根本不可能。

戏下（今陕西临潼东）封王后不久，项羽和诸侯各自归国，在返回彭城途中，他捎信给楚怀王——您已被尊为义帝，自古帝王拥地千里，必身居上游，再居住彭城实有些委屈了，提议怀王搬家至长沙郴县。

义帝舍不得彭城繁华，不想动身。但经不住项羽再三催促，只好上路了，走在半道上，他身边近臣和侍从们，因不想去郴县吃苦受累，偷偷跑了不少。

义帝走后，项羽还是没放过他，派九江王英布追到郴县将其杀死。

韩王成没啥战功，项羽不肯让他就国，将他带到彭城，降级为侯，没过多久，就给杀了。

自秦二世元年（公元前 209 年）秋，陈胜吴广首义以来，历时三年的灭秦战争至此结束，统一的大帝国不再存在，项羽无心也无力重建统一王朝，他只满足于做类似齐桓晋文般诸侯霸主。天下重回诸侯并立的战国时代，毫无疑问，他这是开历史倒车。

战火结束，天下人本可安享太平了，然而，项羽分封诸侯，构建的天下秩序，却难维持长久和平。

项羽此次分封，是以灭秦之战中军功和贡献大小为依据，看似公正公平，实则为了使诸侯相互掣肘，保住自己诸侯霸主优势，处处充满算计，步步设下陷阱。

项羽此举看似高明，却不知是在给自己挖坑埋雷。

项羽返回彭城，没过几天安分日子，战乱又起，他不得不再次上马，开始新的战斗。

第七章

胜负成败两未知

骤变、蛰伏和胯下之辱

项羽在戏下封王时，将刘邦作为重点提防对象，不料，第一个跳出来挑战他的霸主权威的竟然是齐国。

战争起因是田都奉项羽之命去齐国就国，可齐国国相田荣拒绝承认他为新齐王，直接率兵攻击田都，田都仓皇逃离齐境，跑到楚国避难。

田荣不惧怕项羽，可齐王田市胆小，主动将齐王的位子让出来，瞒着田荣偷偷跑去做胶东王。

田荣没想到田市烂泥扶不上墙，一怒之下，索性派人截杀了田市，自立为王。然后，招安在巨野泽为盗的彭越，而后借彭越之手，灭了济北王田安，统一齐、济北、胶东三齐之地。紧接着，田荣又派彭越伐楚，项羽命萧公角应敌，反被彭越击败。

田荣在不断壮大之时，陈馀派人和他结盟，相约共进退。

陈馀自恃与张耳功劳相当，张耳被封王，他却只封数县，实在咽不下这口气。他听说齐国反楚，随即秘密派遣张同、夏说来游说田荣："项羽做人实在不公，原来诸侯王都改封到穷山恶水，自家部下却封到最好地方，实在令人气愤。听闻大王已拒绝项羽之命，望大王也给我支援些兵马，我要攻打张耳，帮赵王歇复位，事成之后，赵国愿为齐国屏障，两家携手共同抵抗项羽。"

田荣正缺少帮手，与赵国结为盟友，自是再好不过了，当下同意援助一部分兵马给陈馀。

陈馀和张耳本是忘年生死交，而今却沦为死对头。张耳在常山王位子还没做几天，就被陈馀击溃，仓皇出逃了。

陈馀重新迎赵王歇回邯郸，来做赵王。赵歇为表达对陈馀的感激之情，封陈馀为代王。不过，陈馀认为目前局势不稳，让赵歇独自留在邯郸，放心不下，故而不肯去代国就国，仅指派夏说以代国国相身份，替他署理代国事宜，而他依旧留在赵王歇身边。

再说张耳出逃后，听说刘邦已重返关中，正与雍王章邯的军队在废丘激战，觉得自己与刘邦毕竟曾是好友，便带领残部去投靠故人。

老友重逢，刘邦很高兴，热情招待张耳。

张耳既感动，又惭愧，同为戏下封王的诸侯，短短数月间，两人身上发生了天翻地覆的变化，自己亡国流亡，而刘邦却在拓土开疆，从巴蜀杀回关中。

究竟是什么原因，使刘邦变化如此之大？

其实，刘邦最开始的处境，远比张耳难得多，他能有今日，全亏了手下一帮能臣干将。

刘邦受封巴蜀之初，项羽派兵三万送他上路，说是护送前往汉中就国，实则形同押送流放。诸侯中有不少人出于同情，主动前来追随，人数多达数万。

刘邦心中怏怏不快，此去汉中，看来要终老他乡了，不过总算保住了性命。刘邦非常感激张良，若非张良帮忙，他或许已命丧鸿门宴了。为了表达感激之情，刘邦特意赏赐张良黄金百镒、珍珠二斗。

不过，张良并未将珠宝留下，而是转赠予项伯。

刘邦得知后，又给项伯送去一份厚礼，拜托他在项羽跟前求个人情，希望得到汉中。项羽此前曾答应将汉中封给刘邦,刘邦还是担心项羽变卦。

项伯收下厚礼后,做了个顺水人情,项羽也同意将汉中封给刘邦。

刘邦带着快快不快之意,从杜县(治所今陕西西安市西南杜城)出发,经蚀中(即子午道,从关中通往汉中的古代通道),缓缓向秦岭深处进发。

刘邦出发时,张良前来送行,自称他也要返回韩国。

张良看人独具慧眼,觉得刘邦此人,看似大大咧咧,浑身毛病也不少,但为人豁达,气度不凡,将来必成一番大事。

自陪伴入关以来,在并肩征战中,张良与刘邦之间情谊有了进一步深化。临别之时,颇有些不舍,遂和刘邦一直走到褒中县(今陕西汉中市西北褒城镇东)才分别。

临别前,张良叮嘱刘邦说:"您的危险并没完全解除,现在非但不能流露出任何不满情绪,反而要摆出终老巴蜀,绝不东出的姿态来。"

刘邦问道:"那么,怎样才能让项羽放心呢?"

张良回答道:"最好办法就是断了后路,入汉中后放火烧了沿途栈道。"

从关中到汉中,沿途多是崇山峻岭,不少地方在悬崖峭壁上凿上石眼,架上木制栈道,才能勉强通行,烧了栈道,就无法返回关中了。火烧栈道其实有双重意义,对刘邦而言,是断了后路,但对项羽来说,也无法入汉中消灭刘邦了。

张良用意是,刘邦暂时收敛锋芒,暗中壮大势力,以待天下有变,再有所作为。

刘邦遵照张良建议,一把大火烧了褒中栈道。项羽得知后,以为刘邦丧失了争天下的斗志,也就对他彻底放心了。

张良所言是宏观战略,但具体问题还要靠刘邦自己去面对。他抵达汉中后,发现此地处于环山包围之中,交通闭塞,环境艰苦,民生艰难,不免有些泄气。

将士们也士气低落,意志消沉,无所事事之下,凑在一起借酒消愁。

楚人重乡土，同时从楚地出来的，项羽手下早就衣锦返乡了，而咱们只能守在这荒蛮之地，大伙儿越想越不是个滋味，难道这就是历经九死一生换来的结果？没过多久，有人实在忍受不了思乡之情，偷偷跑了。

刚开始，刘邦还派人去追捕，但时间一长，逃跑之人越来越多，实在没法禁得住，索性懒得管了。直到有一天，他听说萧何也跑了。

刘邦又急又气，破口大骂萧何。

自沛县起兵以来，萧何一直陪伴在身边，没了他，刘邦仿佛被断了膀臂，一半是愤怒，一半是无助。

可没几天，萧何又露面了。

刘邦又是欢喜，又是恼恨，边笑边骂他："你这些日子死哪里去了？"

萧何解释说："我去追赶逃亡之人了。"

刘邦感到有点意外："这些天，逃亡之人多了去了，也没见你去追谁，怎么突然去追人了？分明找理由为自己开脱！"

不过，萧何看上去却不像撒谎，他没有继续辩解，反问刘邦道："大王想长居汉中，还是打算东出争夺天下？若您打算就此终老汉中，我这趟算白跑了，但您想重返关中，我追赶之人您一定用得着，并且还须重用！"

刘邦听完，说道："汉中这地儿，我一天都不想多停留，你倒是说说，去追赶的究竟是什么人物？"

"我追赶之人名叫韩信。"

韩信这个名字，刘邦听起来很陌生，既然萧何看重，想必也有点本事，便顺水推舟说："看你面子上，封他做一名将军吧！"

萧何摇了摇头，说："如按普通逃亡将士对待韩信，注定是留不住的。那些人的去留，对大王大业不会有多大影响，也很容易求得，至于韩信，是当今真正的无双国士，对待国士，当以大礼待之才行。"

听萧何如此称赞，刘邦感到很好奇，倒想看看韩信究竟是何方神圣。

韩信，淮阴（今江苏省淮安市淮阴区）人，出身落魄，家境贫寒，早年经常三餐难以为继。虽然空有一身本领，但没有人脉资源，没人推荐，就无法跻身仕途，他又不会经商谋生，只得混迹市井，到处蹭饭。

韩信与下乡南昌亭长有点交情，常跑去他家蹭饭。刚开始，人家也没太计较。但韩信一连数月，天天去赶饭点，亭长老婆开始讨厌他了，一个大男人天天来蹭饭，还吃得理直气壮，毫无愧色，便不给好脸色看。

有一天，韩信又跑去蹭饭，可坐了半天，仍然不见饭菜上桌。

原来，女主人做好了饭，一家人在内屋，早已吃过了。

许久之后，韩信才明白过来，顿时羞愧不已，只得起身离去。

饥肠辘辘之下，他到城下壕沟钓鱼，但钓鱼看运气，时好时坏，韩信就这样在半饥半饱中煎熬度日。时间一长，一位常来漂洗衣物的老太太注意到了韩信，看他可怜，好心将自己饭菜拿出一部分，分给他吃。

韩信很感激，但身无分文，无以为报，遂对老太太说："待我将来发达了，定不会忘记您老人家今日一饭之恩，必会重谢您。"

老太太听后，不以为然地说："算了吧，小伙子，男子汉大丈夫连自己都不能养活，想必遇到了难处，我只是可怜你，可没图回报！"

虽混得很惨，但韩信意志没有消沉，很在意自己形象，一柄利剑从不离身（佩剑加上冠是贵族身份的象征），但这却成了周围人的笑柄。

一个连肚子都填不饱之人，还死端着架子不放，实在滑稽可笑。淮阴市井间有个屠夫少年，想让韩信当街出丑，颜面扫地，省得他整日穷显摆。

某日，韩信走在路上，屠夫少年拦住了他，满脸鄙夷地对韩信说："臭小子，别看你长得人高马大，腰间挂着一口破剑，一副人模狗样。实际上，不过是胆小怕事的鼠辈，要真有本事，现在一剑杀了我，否则就从我裤裆底下爬过去！"

说完，他便冲着韩信撩起外衣，岔开双腿。

街市上人们，觉得有戏看了，都围了上来，将韩信围在中间，专等着看他出丑。在众目睽睽之下，遭受如此羞辱，凡有点血性的汉子，谁忍受得了!

众人既紧张，又兴奋，觉得韩信肯定会拔剑与屠夫少年拼个死活。

然而，韩信站在那里，始终一言不发。

片刻安静之后，周围之人开始起哄了。

韩信大脑飞快地在转，怎么办，怎么办?

对付一介市井无赖，再容易不过了，可剑一出鞘，就很难把握了，轻则使人受伤，重则闹出人命，按秦法，无论是何理由，私斗之人，一律斩首。

短暂的热血冲头之后，韩信渐渐冷静下来，跟眼前这样卑污之人斗气不划算，与竖子怄气而摊上官司，丢了性命，更是不值，大丈夫就是死，也要死得轰轰烈烈，绝不死得如此轻率!

于是，令人瞠目的一幕发生了，韩信整理好衣冠，趴到地上，如同钻狗洞一般，从容地从屠夫少年裆下钻了过去。

那些看热闹不嫌事大之人失望了，没想到韩信竟是如此屙蛋，自此更加看不起他了。而韩信依然如故，照旧四处蹭饭，走在大街上仍然高昂着头，腰里依旧挂着那口剑，仿佛什么事都没发生过一样。

拜将、奇兵和平定三秦

就这样，又过了几年。天下局势骤变，群雄起义，项梁渡过淮河北上，经过淮阴，韩信得知消息后，携剑前去投奔。

韩信怀着满腔赤诚前往，以为从此可以施展生平所学，大展宏图了，然而，他很快心灰意冷了。

项梁只重用吴中子弟，他人哪有崭露头角的机会。

项梁死后，项羽接班，韩信又主动自荐，向项羽献策，阐述作战方略。项羽为人刚愎自用，哪容得下一介无名小卒在他面前指手画脚，根本听不进去。

不经意间，数年时间又过去了，韩信追随楚军来到关中。

秦朝灭亡了，战争结束了，但韩信依旧出头无望。得知汉王刘邦将要迁往巴蜀，他便投奔汉营碰碰运气，跟随大军进入汉中。

韩信似乎注定命运多舛，入汉营后，依然未受重视，仅被授予一个接待宾客的小职位。不知何故，上任不久被控犯法，送上了刑场，与韩信同上法场的，还有另外十三人，监斩官正是夏侯婴。

刽子手手起刀落，转瞬之间，十三人已命赴黄泉，马上就要轮到韩信了。

死到临头了，韩信觉得自个儿这辈子过得太窝囊和憋屈，空有一身本事，就这样死了，实在不甘心，反正横竖都是一死，不如豁出去一搏。

他鼓足勇气对夏侯婴大声吼道："汉王难道不想与项羽争天下了吗？就这样处死一名壮士吗？"

一个死囚有这般胆色，夏侯婴觉得此人不同寻常，立刻下令暂停行刑，让人将韩信带到面前，见韩信仪表堂堂，相貌不凡，和他随意聊了几句，感到韩信谈吐不凡，是个人才，就下令放了韩信，然后推荐给刘邦。

刘邦一时也没看出韩信与常人有何不同，给他安排了个治粟都尉（负责生产军粮的官员）的职位，打发了事。韩信志在统率千军万马，好在战场上建功立业，不想整日做后勤工作，因此，倍感郁郁不得志。

后来，韩信无意中结识了萧何，两人谈话很投机，萧何认为韩信有大将之才，本想找机会向刘邦推荐他，可韩信已等不下去了，失望之余，没打招呼就跑了。

听到韩信逃亡，情急之下，萧何没顾上跟刘邦打招呼，直接骑马去追，幸好韩信还没走远，萧何马不停蹄，终于追上，好说歹说，将他劝了回来。

对萧何的识人眼力，刘邦还是很相信的，既然萧何如此推崇，便让他带着韩信前来，表示愿意拜为大将军。

战国以来，各国设上将军一职，直接听命于国君，诸将都归其节制。楚怀王被拥立复国以来，先后拜宋义、项羽为上将军。

上将军一职地位崇高，军权极大，故而，国君拜将都是慎之又慎，不肯轻易授权与人。刘邦起兵后，只因大小战斗都是他亲自指挥，另外，未遇到能够独当一面的大将之才，所以上将军一职虚席以待。

眼下，刘邦若想重返关中，与项羽争夺天下，急需一名节制众将的大将。出于对萧何的信任，他同意由韩信出任大将军一职，职权与上将军同。

萧何劝告刘邦，像大将军这样崇高职位，岂能随随便便任命，必须举行隆重的任命仪式才行。刘邦本来不太注重繁冗礼节，经萧何一提醒，想想也对，当即命人筑造一座拜将台。他独辟一室斋戒数日，然后占卜选好吉日，准备登台拜将。

众将领听闻汉王要拜将，兴奋异常，一个个摩拳擦掌，皆以为大将军位子，非己莫属，只等拜将典礼那一天早点到来。

拜将之日，刘邦宣布大将军人选为韩信时，众人面面相觑，不知突然从哪里冒出来这号人，大伙儿都没听过这个名字。

面对众人的惊诧、质疑和不满，韩信丝毫不感到意外，他很从容地从刘邦手中接过大将军印信。

拜将仪式结束后，刘邦让韩信留了下来。虽然他相信萧何的眼力，但还是想亲自了解一下新任大将军的真实水平究竟如何。

刘邦久经沙场，将军权交给一个作战资历基本空白之人，必须要拿出令他信服的理由。

韩信并没急着说出自己的战略规划，却反问刘邦："大王想要争夺天下，主要对手自然是项羽了，还望大王如实回答，您与项羽相比，孰弱孰强？"

刘邦沉默不语，半天后，低声说："我的确是不如他。"

韩信听后，立刻站起来，向刘邦行大礼，高声恭贺道："大王能够正视自己短处，便是胜利的开端，实事求是讲，臣下也认为您不如他。不过，臣下曾侍奉项羽，深知他的缺点，与他优点一样突出！"

刘邦听后，当即感到很振奋，"不妨给我讲讲。"

韩信不再藏着掖着，对刘邦如数家珍般分析起项羽的优、缺点来。

"项羽作战勇猛无比，千人阵列之前，一声怒吼，无人敢动。可他为人刚愎自用，不懂唯才是用。两军对垒，靠千军万马齐心协力，而项羽却唯知逞匹夫之勇，不懂发挥属下之长，如此之人，焉能长久？

"项羽看似彬彬有礼，说话和气，属下中有人生病，他常常泪流满面，亲自送吃食给病人，看似体恤下属，与将士们同生共死。然而，对立下战功的将士，本该厚赏重金，赐予高官显爵之时，他手握印章反复磋磨，几乎快要磨掉印角，迟迟舍不得放手。他只愿小恩小惠，却不懂赏罚分明，典型妇人之仁。"

刘邦听到这里频频点头，示意韩信继续说下去。

"项羽背叛怀王之约，依仗强大军力，迫使诸侯臣服，分封之时，驱逐原有诸侯王，倒是那些本是诸侯手下的将相，由于改换门庭投奔项羽，成了他的亲信，全被封王，破坏了天下秩序，惹得天怒人怨，对项羽背信弃义的做法，诸侯们无不恨之入骨，他早已人心尽失。"

这番话，正好说到刘邦心坎里，正由于项羽背约，自己称王关中的梦想成空。

"项羽看似聪明，实则不懂天下大势，放弃关中四塞之地，建都彭城，等于主动放弃制约天下有利地势；他流放义帝，失去道义力量；他动辄屠城，经过之地，百姓饱受荼毒，民心丧尽，世人只是迫于淫威，不敢公开反对罢了。

"总而言之，项羽空有霸主之名，不过徒有其表而已。盛衰之势，成败之道，从无一成不变的，强者会衰败，弱者可变强。大王想打败项羽并不难，只需反其道而行之即可。只要您重视人才，将士用命，再强大的敌人，也会被击败。占领之地，尽可封给有功之臣，必然人心归附，心悦诚服。

"现如今，驻扎关中的三王章邯、司马欣、董翳，原是秦朝降将，他们率领秦人子弟出关作战，数年之间，伤亡无数。后来，又哄骗部下投降，却被项羽在新安坑杀二十多万人，只有他们自身得以苟活，安然无恙，秦人对他们恨入骨髓，一旦形势有变，定无人愿为他们卖命。

"反观大王您，自入武关起，废黜秦朝严刑峻法，与关中父老约法三章，对百姓秋毫无犯，秦地之人无不盼望您做关中王。按怀王之约，大王您本该称王关中，由于项羽背叛，被封到汉中，关中百姓无不替您愤愤不平。

"我敢断言，只要大王传檄关中，沿途之人定然闻风而降，秦地父老必将箪食壶浆夹道欢迎，平定关中是早晚之事。"

韩信一席话，条理清晰，言之有物，将楚汉双方形势利弊分析得头头是道。刘邦听后，大有相见恨晚之感。

与韩信会谈结束后，刘邦责令萧何征收巴蜀租税，保证后勤粮食等军需供给，要求诸将领做好准备，随时返回关中。

汉高帝元年（公元前206年）五月，刘邦为分散敌人注意力，命樊哙攻击西城县（治今陕西省安康市西北），摆出要从子午谷返回关中的架势，而自己亲率大军西出陈仓道。

陈仓道是从关中通往汉中的一条要道，大致从今陕西宝鸡市西南出大散关，沿故道水谷道至凤县，再折东南入褒谷，出谷抵汉中。

关于刘邦从汉中重返关中之事，有种说法称明修栈道暗度陈仓，大意是刘邦为迷惑项羽，明面上在褒中大张旗鼓修建被焚毁的栈道，暗中却从陈仓道出兵，出其不意重返关中。此类说法多出自元朝戏文，《史记》《汉书》并无记载，经不起推敲。

刘邦采用迂回战术，出其不意从咸阳西数百里处陈仓杀回关中，击溃守护陈仓的雍国守军。樊哙带领的汉军突破章邯弟弟章平的防线，攻下好畤县（今陕西乾县东），雍军残部逃回雍国都城废丘（今陕西兴平市），汉军乘胜追击，包围了废丘。

汉军重围之下，明知突围无望，但章邯依然拒不投降。

废丘被围一年后，汉军久攻不下，失去耐心，引河水灌城，一代名将章邯伏剑自杀，终不再降。

章邯死后，眼看大势已去的塞王司马欣、翟王董翳选择了投降，刘邦自此平定了三秦，尽得关中之地。

东征、献计和兵败彭城

刘邦坐稳关中后，命将军薛欧、王吸出武关，会合南阳王陵军队，前往老家，迎接太公、妻子吕雉和俩孩子。

得知汉军东出后，项羽立刻派人到阳夏县（河南太康县）拦截，刘邦迎接家人行动以失败而告终。

王陵出身沛县豪族，刘邦当年还要叫王陵一声大哥。只是王陵性子耿直，对刘邦不大看得起。

刘邦沛县起兵后，王陵也召集了数千人马，在南阳一带活动，以待时机。刘邦经过南阳时，王陵尚在观望，并没有加入汉军队伍。

刘邦自汉中重返关中后，刘项二人之间，王陵最终选择归附刘邦。项羽将王陵母亲接到楚营，表面上礼遇有加，其实扣为人质，胁迫王陵归降。

得知老太太被扣押，王陵非常焦急，派使者前来探望。

王陵母亲为人通情达理，不想让儿子因自己为难，她泪流满面地对使者说："你回去后，捎句话给我儿子，我看汉王为人宽厚，将来定能夺得天下，不要因为我而分心，尽心为汉王效命，我就以死为你饯行吧！"

说完，还没等使者反应过来，老太太当场自刎而死。

老太太自杀，项羽在恼羞成怒之下，将老太太遗体给煮了。

不过，王陵母亲的死，并没感动刘邦，他对王陵没有早来归顺一直耿耿于怀。多年后，刘邦称帝，诸将功臣皆已封侯，就连大仇人雍齿都封侯了，独迟迟不封王陵。

就在王陵归降刘邦之时，张良也重返汉营了。

张良生平最大愿望就是复兴韩国。他和刘邦分别返回韩地后，四处张罗，为重建韩国，做了大量准备工作，可没想到项羽杀了韩王成，派郑昌为韩王。

张良之所以对韩国念念不忘，除了韩国是他的父母之邦外，另外他家数世在韩国为相，对韩国宗室有着深厚感情，现在韩氏一脉已断，他也就彻底断了念想。

张良回想起与刘邦共处的那些时光，觉得还是刘邦值得依托，所以从偏僻小道，赶到关中汉营。

临行前，张良还特意写信给项羽，为刘邦占领关中之事，做解释工作："汉王只想按怀王之约拿回关中，得到关中后，他已心满意足，不会再向东扩展了，大王大可放心好了，倒是齐国和赵国需要多加提防才是，田荣、彭越、陈馀等人才是楚国心腹之患。"张良在信后还附上田荣、彭越在梁地鼓动策反的文书。

项羽接到张良书信时，正赶上部将萧公角被彭越打败，于是，决心暂且放过刘邦，先北上攻打齐王田荣。张良凭借一封书信，为刘邦争取了宝贵的战略空窗期。

张良的到来，让刘邦喜出望外，从此一直让他留在身边，陪伴左右，只可惜张良身体多病，只能做些参谋工作。

汉高帝二年（公元前205年）正月，项羽率军攻打齐国，在城阳县（今山东菏泽东北）大败齐王田荣。田荣逃至平原县（今山东平原南），死于当地老百姓之手。

田假当初从齐国逃离出来后，一直在楚国避难，得知田荣已死，项羽就立他为新齐王。不过，项羽并未结束战争，继续向北一直打到北海郡（下辖今山东青州、寿光、昌乐、潍坊等地），沿途烧杀劫掠，城郭被夷为平地，抓获田荣旧部后就地活埋。

楚军暴行彻底激怒了齐国百姓，纷纷聚集起来反抗入侵者。

田荣之弟田横，立田荣儿子田广为新齐王，纠集数万人马，从楚军手中夺回城阳，并顶住了楚军的反扑，项羽准备进一步加大攻城力度时，却得知彭城被刘邦攻陷了，一时进退失据，不知如何是好。

项羽毕竟久经战事，很快冷静下来，决定留下部分部队继续攻齐，自己带领楚军主力，星夜赶回楚国，欲从刘邦手中夺回彭城。

此时的彭城，刘邦正在享受胜利的喜悦。他没想到，胜利来得如此之快，轻松拿下了项羽大本营。

原来刘邦得知项羽出征齐国，料定楚国后方空虚，如此天赐良机，岂能坐失，于是迅速出函谷关东征。河南王申阳实力弱小，难以抵抗汉军，只得向刘邦投降。

韩襄王之孙韩信曾追随刘邦入关灭秦，此次东征，刘邦授予他韩国太尉，前去征讨韩国。韩王郑昌是项羽空降到韩国称王的，在国内没有任何群众基础，项羽又远在齐国，无法救援，内困外焦之下，除了投降，别无选择。

占领韩国后，刘邦就封韩信为韩王。

为区别与他同名同姓的大将军韩信，历史上称他为韩王信。韩王信感激刘邦帮他夺回韩国，决定继续追随刘邦作战。

而后刘邦返回关中，暂以秦旧都栎阳（今陕西西安市阎良区武屯镇一带）为都城，向关中外围地区扩展，没费多大功夫，便将陇西郡（今甘肃临洮县南）和北地郡（今甘肃庆阳市西南）收入囊中。在攻占北地战争中，俘虏了章邯之弟章平，雍国最后据点也被彻底铲除。

同年三月，刘邦从临晋关（陕西大荔县朝邑镇东黄河西岸）渡过黄河，兵临西魏国，西魏王魏豹平庸无能，主动投降。刘邦继续北上，攻占殷国，俘虏殷王司马卬，改殷国为河内郡。

灭殷之战中，有个名叫陈平的楚国官员前来投奔汉营。刘邦初见陈平时，眼前一亮，面前之人身材修长，面如冠玉，实在太漂亮了。不过，陈平绝非金玉其外、败絮其中之人，而是胸怀韬略的大才。

陈平，阳武县户牖乡（今河南原阳）人。幼年时，陈平家境贫困，但他心不在务农，而是专心读书，尤其喜欢研究黄老之学。

陈平到处游学，不干农活，兄长陈伯独自扛起了家庭重担。幸亏陈伯通情达理，无怨无悔独自一人支撑着家庭，让弟弟安心钻研学问，发展社交圈子。

家中出了个游手好闲的小叔子，嫂子心疼老公，心中怨恨陈平。

陈平平日不下地干农活，免遭风雨之苦，自然生得白白净净，根本不像个农家子弟，与满面风霜的陈伯一比，哥俩反差太大，以至于外人心生疑惑，问："陈平日常都吃些啥，发育这么好？"

嫂子心中有气，讥讽说："不过吃糠咽菜罢了，家有如此小叔子，还不如没有！"

陈伯听后很恼火，将老婆撵回了娘家。

待到陈平成年，到了婚配年龄，只因高不成低不就，就把婚事耽误了。

不过，陈平凭借出色的形象和口才，常在户牖当地帮助他人打理丧礼，由于办事干练，深受乡邻欢迎。也是机缘巧合，在一次丧礼上，一位名叫张负的大户人家，注意到了陈平的与众不同。

张负家庭条件优渥，衣食无忧，只是家中有个孙女命不好，嫁了五次人，新郎婚后不久，都莫名其妙地死去。发生如此蹊跷之事，世人怀疑张家大小姐是个不祥之人，再无人敢上门提亲。

孙女年纪轻轻历经五次不幸婚姻，孀居在家，饱受流言蜚语困扰，张负心里很烦恼。一直想帮她再觅得一位佳婿，重新过上正常人的家庭生活。

张负看陈平做事很得体，对这位年轻人有了不错的印象，颇有些好感，想对他家世有进一步了解。等丧礼结束后，张负尾随陈平身后，想看个究竟。

陈平浑然不知，像往常一样，穿市过街，往城外家中走去。

张负跟随着陈平背影出城，摸进城墙附近一条简陋小巷，见他影子一闪，走进巷子尽头一家寒酸民居。

陈平住处太破旧了，连个像样的门都没有，仅以一张破席权作门扇。

然而，张负细心地发现陈平门前车辙纵横，看得出来，他交游广泛，往来不乏富贵之人，顿时心里有了底，马上转身回家。

张负一到家，就找来儿子张仲，商量将孙女嫁给陈平。

张仲觉得老爹是否老糊涂了，陈平又穷又懒，除了有一副好皮囊外，还有什么？将女儿嫁给他，不是往火坑里推吗？表示决不同意。

但张负固执己见，认为像陈平这样的人将来不发达，那才没天理。张仲拗不过老父亲，只得同意。

知道陈家家境不好，张负给陈平资助钱物和酒肉，尽量把婚礼办得风光体面一些。孙女出嫁前，张负还专门叮嘱她，过门后，切不可嫌弃陈家贫寒，在礼数上，敬重兄嫂如侍父母。

陈平婚后，获得妻家资助，家庭生活逐渐宽裕起来，在乡邻之间声望逐渐抬高，被推举为里中社祭主持之人。祭祀仪式结束后，他将胙肉分得非常公正，得到乡邻的交口称赞："老陈家的小伙子做事真的很公平啊！"

祭祀在古代社会是极其隆重的大事，能够主祭的都是德高望重之人，分胙肉看似小事，其实考验一个人办事能力。胙肉，不仅仅是一块肉，而是关系到能否得到祖先神灵的庇佑，岂能麻痹大意？

主持社祭仪式，是陈平人生中第一次大考，其办事能力得到了乡邻的正式认可。然而，陈平不满足于只做一名社祭主持，而是志在天下。受到大家赞誉后，他只是轻轻叹了口气说："如果有一日，让我治理天下，也能做到跟现在分肉一样公正合理。"

等陈胜吴广起义后，周市立魏咎为魏王。陈平得知后，觉得建功立业机会来了，前去投奔魏王咎，被任命为太仆（负责管理君王车马的官员）。

在魏王咎身边的那些日子，陈平提了很多建议，但多被束之高阁，无一采纳，反而招来一些人的不满，他们在魏王面前不断搬弄是非，诬陷陈平。

陈平自知这样下去，恐怕凶多吉少，便逃离魏国。

项羽兴起后，陈平又投奔楚国，再后来，随楚军入关灭秦。

项羽戏下罢兵，返回彭城不久，听说殷王司马卬背叛了自己，大怒之下，任命陈平为信武君，带领他的魏国旧部攻打司马卬。

司马卬兵弱将寡，想趁汉、赵、齐等诸侯叛楚之际，摆脱项羽自立门户，没想到项羽反应如此神速，于是惊慌失措，没有做任何抵抗，就向陈平投降了。

司马卬老实了，陈平决定返楚复命。途中，项羽任命他为都尉，赏赐黄金二十镒。然而，陈平尚未到彭城，又接到消息，司马卬又改降汉王刘邦了。

几乎与此同时，陈平又听闻，项羽知道司马卬先降后叛后，迁怒于他，放出话来，包括他在内的同行之人，等一回到彭城都要被处死。

陈平当然不愿自去送死，当即决定不再回楚，派人给项羽送还官印和黄金，独自一人沿小道逃亡。此时听说汉王刘邦在修武县（今河南获嘉县），陈平打算渡河北上投奔汉营。

赶到黄河渡口，情急之下，陈平不及细想，就跳上一艘摆渡船。船行至河中央时，陈平察觉船夫总有意无意打量着他，觉得有点不对劲，忽然明白误上贼船了。

估摸船夫看他服装华丽，料定他是私藏金银珠玉的逃亡贵人，如果船夫起了歹意使坏，滔滔急流怕就要成为其葬身之地了。陈平只顾逃命，身上早无余财，相信现在如何解释，船夫都不会信，反而会误认为他要钱不要命。

好在陈平心理素质好，尽管心中千般煎熬，但表面上故作镇定，一副若无其事的样子。忽然他有主意，很自然地脱掉身上衣服，赤裸上身起来，对船家赔笑说，看你一人摇橹太累，让我也搭把手吧。

见陈平并无钱物，船夫也死了心，也就没了图财害命之心，不再看他，只管用力摇船。凭借机智，陈平终于安然渡过黄河。上岸后，他一路紧追，赶到修武汉营，经魏无知介绍，终于见到了刘邦。

刘邦出关东征以来，各地人才源源不断前来归附，仅仅与陈平一起求见的就有七人。人见得多了，刘邦也见多不怪，象征性地接见一下后，吩咐左右带他们去客舍休息。

其他人出去后，陈平并未离开，而是抓紧机会对刘邦说："我有非常重要的事，必须现在就要对汉王说，情况特殊，不能耽搁。"

刘邦本已起身，准备离开，听后只好坐下来。

陈平历仕魏、楚两国，见多识广，相貌好，口才又不错，所以一番畅谈后，赢得了刘邦的好感。他听说陈平在楚营担任都尉，便同样任命他为都尉，担任参乘（与君主同乘一车，负责保卫或备顾问应对）。

刘邦的老部下听说从楚营来了一名逃兵，靠花言巧语就与汉王同车出入，不由得愤愤然了。亏得刘邦对陈平很信任，不为旁人非议所动，渐渐地，众人也自感没趣，就无话可说了。

刘邦离开修武后，南下渡过平阴津（黄河古渡，今河南孟津县东北），入驻洛阳新城县（今河南伊川县西南），下马伊始，有位董姓三老上门来拜见他，一见面就问道："敢问汉王兴师动众，与项王开战，是何原因？"

刘邦可以说，依据怀王之约，关中应当归属自己，但占领关中后，依旧不满足，出关东征，志在争夺天下。但如今却缺乏正当理由，自知有些理亏，半晌不知作何回答。

董三老说:"自古作战讲究师出有名,若师出无名,气势就弱了许多,想战胜敌人,必须在舆论上使敌人陷于被动。项羽倒行逆施,暗杀义帝,是乱臣贼子所为,人人得而诛之,大王当为义帝举哀发丧,通告诸侯,如此像当年商汤王、周武王讨伐夏桀、商纣一样,兴吊民伐罪仁义之师,海内谁人不仰慕您的义举,天下诸侯定会纷纷站到你这边,何愁不胜项羽?"

刘邦听完,觉得茅塞顿开,深感董先生说的在理,当下下令汉营三军将士身穿白色孝服,为义帝发丧三天。

发丧那天,汉军将士们都穿上孝服,刘邦亲自披麻戴孝,露出左臂,痛哭不已,整个汉军大营哭声震天,哭声传至数里之外。

丧礼结束后,刘邦向各诸侯遣使称:"当初天下诸侯共拥义帝,向他称臣,如今项羽竟然杀害了君王,实属犯上作乱,大逆不道,是可忍孰不可忍,我决定征发全部兵马沿长江、汉水东下,征讨项羽,愿意追随我的,就请派人前来!"

使者先到了赵国,找到陈馀,递上刘邦书信。

陈馀特别恨张耳,提出一个条件:只要刘邦杀了张耳,他就愿意派兵参战。

张耳是刘邦多年好友,出卖朋友的事他不愿干,不过,他又不想和陈馀闹僵,赵国乃大国,是一定要争取的。于是,他找了一个跟张耳外貌相似之人,杀死后,将头颅送给陈馀。

陈馀难辨真假,信以为真,随汉军一起征讨西楚。

如此一来,刘邦共会集了汉、西魏、韩、赵等诸侯联军,军力共计达五十六万人。待大军抵达外黄县时,彭越也带领属下三万人马前来归顺。

刘邦曾与彭越有过短暂交往,故人重逢,很是高兴。

彭越奉齐王田荣之命入梁地(魏国在魏惠王时迁都大梁以后,又称作梁)以后,势力不断壮大,已占据十余座城池,有兵有地盘,犹如小国诸侯。

刘邦不想再多个对手,劝彭越与西魏国合并,由魏豹做魏王,彭越任相国，彭越同意了。达成协议后，刘邦带上魏王豹一起出征彭城，留下彭越仍去平定梁地。

项羽率楚军主力出征齐国，彭城防守空虚，所以刘邦很轻松攻占了彭城。刘邦在诸侯簇拥下，进入彭城。

三年前，刘邦离开彭城时，身边不过数千人，三年后归来，统率五十六万大军，在诸侯和将士们的一片欢呼声中，他志得意满地进入城内。

历史经验一再告诉我们：胜利来得太快太容易，从来不是什么好事。

刘邦此次出关，基本上没遇到太大阻力，轻轻松松占领了大半个天下，于是他产生了一种错觉——以前将敌人想象得太强大了，现在看来也不过如此，按目前进度看，彻底平定天下的日子也不远了。

近些年来，刘邦基本都在打仗，没过几天舒坦日子，进了彭城后，开始大宴宾朋，通宵饮酒作乐，对将士们也不严加约束，由着大家肆意狂欢。

殊不知，越接近最后胜利的时刻越危险，低估敌人就要付出惨痛代价，特别是像项羽这般强大的对手。

刘邦自我放纵时，项羽率领楚军正星夜兼程向彭城赶来。

天色微亮之时，项羽经过千里长驱后，悄然包围了彭城附近的萧县，汉军将士没料到楚军会突然冒出来，被打了个晕头转向。

论人数，汉军占优势，但项羽率领三万精壮士卒，多是身经百战以一当百的勇士。汉军来不及排兵布阵，就被楚军骑兵彻底碾压，一时伤亡无数，其余吓得四处逃散。

突破彭城外围防线后，项羽不做任何停留，率领将士们急速行军，待到当日中午时，已抵达彭城之下。

刘邦此时尚未酒醒，只好匆忙迎敌。

楚军虽不过三万，但皆是战斗力强悍的骑兵，而汉军虽人数占优，但步兵居多，经不起楚军冲击，很快败下阵来。

至于各路诸侯军，都是仓促拼凑到一起，缺乏协同作战经验，况且诸侯们各怀鬼胎，大敌当前，只想保全实力，无心与项羽殊死一搏。

一看前方战败，汉军士卒立刻乱了阵脚，四下逃窜，慌乱之中，被逼跳入潗水和泗水。另有汉军士兵企图往南山跑，楚军在后紧追不舍，一直追到灵璧以东睢水边，十余万汉军将士一起拥挤在河边，在楚军追杀下，纷纷跌入水中，河面上漂浮着死尸，堵塞了河道，睢水为之不流。

就在此时，突然狂风大作，风从西北吹来，顿时天地一片昏暗，许多树木被连根拔起，不少房屋被掀了屋顶，一时间飞沙走石，难辨南北，而楚军恰好处于风口，被风吹得无法睁眼。

刘邦趁着慌乱之时，带着几十名贴身护卫逃了出来，总算捡了一条命，此战汉军将士死亡十余万，实在惨不忍睹。

第八章

楚汉争雄定天下

险途、立储和不白之冤

刘邦逃离彭城后，想起家人尚在沛县老家，赶紧派人去接，谁知楚军已先一步到了沛县。

吕雉听到刘邦消息，忙带上太公和俩孩子出逃，慌乱之中，孩子们走丢了，又遭遇楚军，被押往彭城。

父亲和老婆被捉，好在儿女刘盈和鲁元公主（名字不详），意外找到了，刘邦带孩子们上车一起逃亡。

没多久，楚军追兵又到了。

刘邦催促夏侯婴加快速度，可车马已是极限奔跑，无法更快了。刘邦急于逃命，为减轻车载量，竟然一把将俩孩子推下车，然后逼夏侯婴加快速度。

夏侯婴一听不对，回头看见孩子们已甩出老远了，急忙停下车，把刘盈和鲁元公主抱回来放车上，继续赶车。没跑出几步，刘邦又好几次将儿女推下车，夏侯婴又反复将孩子们抱了回来。

刘邦只顾自己逃命，拔剑威胁夏侯婴说："你要是再敢将他们拾回来放车上，我现在就宰了你。"夏侯婴心疼孩子，不服气地答道："就算再急，也不能抛弃孩子们不管！"

刘邦又急又怒，可真杀了夏侯婴，又无人赶车，实在无奈，只得带上孩子们，好在夏侯婴驾车技术过硬，最终甩掉了敌人，沿偏僻小道赶去下邑（今安徽砀山县），有惊无险地赶到妻兄吕泽军营。

各地汉军溃兵，听闻汉王在下邑，也陆陆续续赶来。

刘邦已被项羽吓坏了，没敢久留下邑，稍作休整后，就率领部下离开。

彭城兵败后，降汉诸侯们纷纷临阵倒戈，背叛了刘邦。塞王司马欣、翟王董翳马上降楚。陈馀听说张耳根本没死，觉得自己被骗了，宣布与汉断交。

待刘邦抵达荥阳时，魏王豹借口回家探亲，等回国后，立即派兵严守黄河渡口，宣称魏国不再掺和楚汉纷争，只愿关起门来过自家小日子。

刘邦毛病不少，但不似项羽那般刚愎自用，而是能自我反省，检讨失败原因，这也是他能够数次走出人生低谷，赢得最终胜利的根本原因之一。

刘邦读书少，知识储备不足，但善于洞察人心。他深知，现在汉军上下士气低落，作为君主，他的一言一行直接影响将士们的斗志，此刻决不能泄气。要振奋士气，唯有利诱部下，激发他们心中的野心。除了会骂人，刘邦从来懒得讲大道理。

"大家都说说吧，就目前我们的处境，接下来该咋办？我打算将函谷关以东之地，封赏给那些与我共建大业之人，只是不知谁堪担当大任？"

刘邦语气很诚恳，环视着手下谋臣和将领们。

开出的条件看似诱人，只是如今关东之地，多在项羽手中，拿别人的东西做人情，就看你有没有本事，将它变为现实了。

见在场的众将领无人站出来应声，张良说："要打败项羽，消灭楚国，有三人可堪大任，一人可争取，一人可联盟，一人可重用。"

刘邦料定张良已成竹在胸，顿时来了精神："请子房为我细说。"

"九江王英布虽早年追随项家叔侄，他自恃勇猛，灭秦之战中又战功赫赫，与项羽表面上尚未破裂，实已貌合神离。项羽曾要求英布一起攻齐，却被英布托病拒绝了，这一次，英布又坐观大王您率诸侯军攻破彭城，却不肯对楚军施以援手，已惹怒了项羽，两人翻脸是早晚之事。

"项羽还没对英布下手，是因他已与齐、赵闹翻，唯一能依靠的也就剩下英布了。趁英布摇摆不定之际，大王应赶快派人争取英布，只要英布归附，无疑断了项王膀臂。

"彭越在梁地配合齐王对付楚国，可引为外援。能独当一面的将领，在汉军之中自然非韩信莫属了。大王只要允诺将关东之地，分封给这三人，击败楚国、平定天下，指日可待！"

和张良谈话后，刘邦派谒者随何出使九江国，去游说英布。

临行前，给随何安排了二十名随从，跟着他同往。

随何离开不久，出使魏国的郦食其回来了，称魏王豹已铁了心，要与汉分道扬镳，他特意捎话给刘邦："汉王为人傲慢自大，习惯目中无人，动辄就骂人，训斥诸侯大臣就像骂自家奴才一般，我实在受够了，再也不愿看到他。"

刘邦听完，气得破口大骂，但此时汉军与楚军零星冲突不断，还顾不上教训魏豹。

刘邦在彭城败给项羽，除战略上犯了严重错误外，汉军装备不如楚军也是一大原因，比如汉军中多步兵，缺乏骑兵。秦人李必、骆甲，在楚军中担任骑兵将领，因项羽仇视秦人，二人常常遭受种种羞辱，忍无可忍之下，他们趁混乱赶来荥阳投奔汉营，顺手还给刘邦带来了一支骑兵团。

李必、骆甲在楚军多年，颇熟悉项羽作战方式，他们加入汉军后，汉军开始扭转被动挨打局面，有效遏制住了楚军的进攻。汉军趁势修筑通往黄河岸边的运粮甬道，从敖仓运来大批粮食，缓解了军中粮荒。

与此同时，萧何从关中征发兵丁，押送到荥阳，为汉军补充了大量兵源。人和粮都到齐后，汉军重整士气，军力大增了。

汉高帝二年（公元前205年）六月，刘邦返回栎阳。

连年战乱，关中到处闹饥荒，谷价飞涨，拿着真金白银，也未必能买到粮食，不少地方出现人相食的惨剧。

为了稳住人心，刘邦宣布六岁的儿子刘盈为太子，丞相萧何辅佐太子，坐镇关中。萧何谨慎稳重，但雄心和魄力不足，将大后方交给他，比较放心。

刘邦刚到荥阳，周勃、灌婴等人就来状告陈平。刘邦让陈平负责监察臣僚，他们很不服气，但又不能抗命不从，最好办法就是设法让陈平声名狼藉，在人前抬不起头，只要陈平名声臭了，就算不滚蛋，也没脸干监察工作了。

周勃、灌婴等人向刘邦揭发陈平的绯闻逸事："别看陈平人前人模狗样，其实就是绣花枕头，中看不中用，没有什么才学。他看似一本正经，实则龌龊不堪，听说在老家跟嫂子通奸，东窗事发后，只好逃了出来。"

周勃、灌婴也没指望靠花边新闻就能扳倒陈平，接着他们又控诉陈平不忠，表里不一。

一个说："陈平先投奔魏王咎，没几日，又改投楚国，在楚国混不下去了，只好来我们汉营，到底是魏王和项王难容人，还是他陈平有问题，本身就是个反复无常的小人！"

另一个说："听说陈平利用大王授予的督察权，大肆受贿，收纳众将领的财物，谁给的钱多就给好评，谁给钱少就给差评。"

刘邦听后，不由得起了疑心，找来当初举荐陈平的魏无知，想问个究竟。

魏无知是个聪明人，并未忙着替陈平解释开脱。

因为像陈平和嫂子之间的绯闻之类的事，根本无法查清，总不能传唤陈平嫂子来对质。陈平受贿之事，无论有无，若追查起来，汉营上下必然人人自危，军心不稳。目前楚汉对峙，军心稳定压倒一切，赢得战争才是根本目标。

魏无知很从容地答道："推荐陈平之时，我只看重他的才能是否对国家有用，没有考虑他私人品德，若他于国无益，即使道德如尾生般完美无瑕，大王要他又有何用？眼下楚汉对峙，大王用人首先考虑能否给您出谋划策，击退敌人，至于他是否私通嫂子、收受贿赂这些，又何必在意呢？！"

魏无知没有正面回答，以特殊时期用人重才不重德，巧妙化解了陈平的尴尬处境，同时，也避免了得罪周勃、灌婴。

魏无知的话无懈可击，但刘邦可不想就这样不了了之，决定找来陈平，亲自问个究竟。

"当初，你在魏王败亡之时，弃他投楚国，发现诸侯与楚离心，又来投奔我，守信之人会如此朝三暮四吗？来我这里没几天，就开始收受贿赂，是正直之士该做的吗？"

从刘邦愤怒的面孔背后，陈平察觉出汉王的焦虑不安——彭城之战溃败后，刘邦接二连三遭到诸侯背叛，现在更怕部下也背叛他。

生逢乱世，稳住队伍才是首要任务，而非苛责个人道德操守，其中道理，刘邦何尝不懂。其实，陈平先前离开魏楚的动机究竟为何，刘邦根本不关心，他只忧虑陈平以后会不会背弃自己。

令刘邦感到意外的是，陈平没有反驳和否认对他的指控，反而大大方方地承认了，并解释说："我离开魏王咎，是因他不听建言，魏王败亡实乃咎由自取，我不想做不值得为之牺牲之人的牺牲品，遂去投奔项羽。可项羽重用之人，不是宗亲，就是姻亲，外人就算有再大本事，也无出头之日，所以才来投奔大王您。之所以不停变换效忠对象，非我陈平见异思迁，是因为魏咎和项羽有眼无珠，不肯重用人才！我独自来到大王帐下效力，举目无亲，但要吃饭穿衣，生活开支样样少不了，哪一样不花钱？不接受众人金钱，个人日子怎么过？如果大王觉得我有用，就留帐下出谋划策，若大王认为我毫无用处，钱全在这里，我走人就是。"

陈平说得很坦然，没有任何掩饰和托辞，直接把话挑明了。

如此一来，刘邦反而觉得有些不自在了，连忙向陈平致歉，并当场宣布由陈平出任护军中尉，负责对汉军上下所有将领的督察工作。

不过有些话，陈平没有说出来。

他在汉营资历浅，朋友少，想要站稳脚跟，能依靠的就是汉王的信任和支持。如何赢得刘邦的信任，单凭道德和才能远远不够，最好办法就是让他手中有自己把柄，唯有如此，才能让上级对你彻底放心。

至于周勃、灌婴等人，诬陷陈平没有得手后，觉得自讨没趣，再也不吭声了。

灭魏、败赵和生死两清

稳住内部队伍后，刘邦决定是时候教训一下魏王豹了。

郦食其出使魏国时，特意收集了魏国主要将领名单：大将为柏直、骑兵统领将军为冯敬、步卒统领将军为项佗。

韩信平定关中后，赶到荥阳与刘邦会和。听完郦食其汇报后，他问郦食其："你确定魏军主将不是周叔（具体事迹不详，大概是魏军中较有威望将领）？"

郦食其肯定道："绝对没错，是柏直！"

韩信听后道："柏直不过竖子耳，不足为虑。"

刘邦也笑道："魏王必败无疑，柏直不过是乳臭未干的毛头小子，冯敬虽出身名门，是秦朝名将冯无择之子，也算有些本事，但不是灌婴对手。至于项佗，是个平庸之辈，定然难敌曹参。"

于是，刘邦以韩信为左丞相，与灌婴、曹参一起去攻打魏国。

自脱离刘邦后，魏王豹笃定汉军若攻魏国，必从临晋（今陕西大荔朝邑镇）黄河渡口摆渡，所以早早在临晋对岸蒲阪津（今山西永济市西南蒲州镇）部署重兵，严防汉军渡河。

韩信下令汉军在河面陈列船只，摆出一副强渡开战的架势，成功牵制了魏军注意力，魏军全神贯注紧盯对岸汉军的一举一动，以防汉军偷袭。

而在此时，在夏阳（今陕西韩城市南）黄河河面上悄然漂浮起许多特大号木瓮，悄然漂向河对岸。木瓮中潜藏着汉军战士，上岸后，将士们快速集结完毕，杀向魏国都城安邑。

韩信采取声东击西的战术成功骗过了魏军，汉军大军兵临城下时，魏王豹才反应过来，但已经无法组织抵抗了，汉军很快攻破安邑，俘虏了魏王豹。

至九月时，汉占领魏国全境，将其划分为河东、上党、太原等郡。

刘邦虽恨魏王豹反复无常，不过出于政治需要，并未处死，反而放了他，与御史大夫周苛、枞公一起负责荥阳城防。

攻占魏国后，韩信主动请命，提出乘胜出击赵国和代国。

张耳熟悉赵国情况，刘邦让张耳跟随韩信一起北上。

代国弱小，赵国强大。赵国居南，代国处北。

韩信决定先消灭代国，再攻取赵国。

灭代之战可以说非常轻松，国相夏说在阏与（今山西省和顺县西北）被汉军生擒。

韩信正准备攻打赵国，刘邦派人来传命令，荥阳战事吃紧，要从韩信军中调走主要精锐之师。虽然所率部队战斗力锐减，但韩信攻赵计划并未改变。

想要进入赵国，必须突破井陉口（今河北井陉县北井陉山上）。

井陉口是太行山著名的八大隘口之一，它设在一条穿越太行山狭窄驿道上，可谓易守难攻，历来是兵家必争之地。

赵军重兵把守井陉口，居高临下，后勤保障充足，兵力号称有二十万，无论地理、人力都占尽优势。

汉军方面兵力不过数万，且部队精锐已被调走，自渡河作战以来，长期作战，没有得到有效休整，士卒皆已疲惫不堪，而且汉军远离大后方作战，军需辎重后勤供应也很困难。

在短短两个月的时间，汉军灭掉魏、代两国，赵国举国震惊，成安君陈馀亲自率军赶来，想将汉军阻击于井陉口。

陈馀属下广武君李左车是赵国名将李牧之孙，深谙兵法。面对当前战局，他建议说："韩信自渡河以来，灭魏亡代，俘虏魏豹，生擒夏说，气势如虹，军中有对赵国了如指掌的张耳出谋划策，其势不可小觑。不过，汉军客场作战，井陉峡谷内道路崎岖狭窄，运粮势必艰难，请将军给我拨三万人马，先沿偏僻小道奔袭，切断汉军粮食供应。而您深挖壕沟，筑高壁垒固守，绝不出兵与敌人交战，使汉军进退两难，不出十日，我必将斩韩信、张耳人头，献于将军帐下！"

可惜的是，李左车如此良策，陈馀听不进去。

陈馀儒生出身，博览群书，自以为满腹韬略，听李左车在他面前大谈作战战术，很不以为然。"阁下没听过《孙子兵法》云，'用兵之法，十则围之，五则攻之，倍则战之'？我军数倍于汉军，且汉军已是疲惫之师，不敢与之正面交锋，岂不令天下人耻笑，以为我赵人皆胆小怯懦之辈。况且，不趁着汉军疲弱之际开战，等汉王派来大批援军再交战，恐怕对我不利！"

陈馀觉得自己占尽天时、地利、人和，完全可以与汉军正面交战，没必要使诡诈之术。然而，陈馀或许忘了，孙子还有句名言："兵者，诡道也。"

作为一军主将，一念之差，关系到数以万计士卒的生死安危，岂能以世俗仁义道德来做决策依据，战场之上，只有输赢，没有正邪，为了赢得胜利，可以不择手段。

由于陈馀的自负，没有听李左车的意见，赵国输掉了战争，也直接影响了楚汉之争的历史大局。

赵军高层的战略决策，很快被汉军细作侦探得知，迅速传到韩信耳中。李左车能想到的，韩信也早已考虑到了，在发动井陉口之战前，他没贸然深入井陉狭道，就是思虑如何破解赵军。

得知陈馀拒绝李左车建议，韩信大喜过望，悄然率军进入井陉狭道，在距离井陉口还有三十里处，停下脚步。

战争是双方军事力量的较量，更是两军主将作战智慧的博弈。纵然得到了赵军战略意图的情报，但韩信依然不敢大意，他派人从井陉狭道两边山崖寻找隐蔽山道，攀援上最高处，隐藏于树木之间，俯瞰赵军动静，以侦察敌情。

确定赵军无异样后，韩信抽调两千名轻骑兵，要求每人手执一面红旗，夜半时候集结。

韩信对大家作战前安排："你们今夜从小道上山隐蔽好，暗中观察赵军一举一动，待天明时，我军发起冲锋，与敌较量一番后，待我军佯败，赵军必会倾巢而出，前来追击，届时你们务必趁机冲入赵军壁垒，拔掉赵军军旗，插上汉军军旗！"

两千将士按照韩信军令，悄然潜入井陉口两边大山，很快消失在夜色中。

韩信又召集众将领，宣布待天明击败赵军后，为全军将士举行庆功宴。大家嘴上都满口应承，实则心中都不大相信。因为就目前局势来看，赵军完全处于有利地势，无须急于开战。若汉军主动发起攻击，不见得会占多大便宜，想短期内全歼赵军主力，根本不可能。

韩信早就猜出众人心思，便解释道："赵军占据有利地形，当然不会轻易主动出战，可只要我们处于没有退路地带，亮出主将旗帜，使赵军感到有必胜把握，求胜心切促动下，他们定会按捺不住，跑出来作战。"

众将领依然面面相觑，不知韩信究竟作何打算。

第二天，天刚发亮，韩信派万余汉军走出井陉口，沿河摆开阵势，让仪仗兵吹吹打打，高高亮出主将旗帜。

背水作战乃兵家大忌，赵军从关隘高处，看到汉军竟然选择如此列阵，大笑不止，嘲笑汉军主将不懂兵法，分明是自寻死路，遂打开营垒，冲出来对汉军发起攻击，汉军全力反击，双方陷入激烈厮杀。

两军激战半天后，韩信佯装不敌，命汉军丢盔卸甲往河边跑，把军旗和战鼓随意丢在地上。

赵军求胜心切，在后面紧追不放，一直追到河边汉军营寨外。

关隘内赵军居高临下，俯瞰汉军阵型凌乱，狼狈逃窜，为了抢功倾巢而出，边抢夺汉军丢在地上的战利品，边向汉营扑来。

两军再次厮杀，汉军重整旗鼓后，死死咬住赵军，刹那间杀得天昏地暗，一时难解难分。此时，韩信早早安排的两千执旗骑兵，趁着关隘空虚之际，快速冲入敌军营垒，拔掉赵军旗帜，将汉军红旗竖了起来。

待赵军反应过来，明白了汉军真实意图时，为时已晚，井陉口关隘城头已飘扬起汉军旗帜来。赵军不知实情，误以为汉军已彻底占领营地，陷入进退两难之间，再也无心恋战，不由得军心大乱，士卒们四处流窜，只想逃命。

赵军将军气急败坏，为了阻止手下将士溃逃，拔剑砍杀了不少逃兵，但依然难以扭转兵败颓势，溃兵如洪水决堤一般，哪里拦截得住，最后连他本人也被裹挟逃亡去了。

井陉口之战，在短短半天时间，敌我之势相互易位，本来追撵汉军的赵军，反被汉军彻底击溃，不是被杀，就是被俘。此战后不久，陈馀本人也在泜水（在今河北元氏县西南）河边，死于混战之中。

作为生死好友，张耳和陈馀曾患难与共，不离不弃，誓言共同肩负起复兴赵国的重任。重建赵国后，两人一人封相，一人拜将，本当将相携手，一起壮大赵国，可人一旦掌握了权力，想再保持布衣之交就很难了。很快由于政见不合，猜忌和怀疑取代了信任与真诚。

巨鹿之战后，两人终究无法冰释前嫌，最终分道扬镳。

与权力和利益相较，友谊和誓言显得一文不值，刎颈之交变成生死仇敌。先是张耳夺取陈馀的军权，陈馀蒙垢含羞，远遁江湖，后有陈馀攻取张耳领地，逼得张耳无容身之地，唯有远走关中，投靠刘邦。

陈馀驱逐张耳后，对他的怨恨并未就此释然，甚至向刘邦提出要张耳的人头！

不知当张耳看到陈馀尸首时，是否会回忆起，当年在陈县里门外桑树下，他拉着浑身鞭伤的陈馀之手语重心长说的那些话。俱往矣，昔日大梁名士张耳、陈馀，从今唯一人苟活于世。

井陉口之战中，赵国将领李左车也被汉军俘虏。战后清点俘虏时，有人认出了李左车。由于韩信提前叮嘱，务必活捉李左车，切不可伤害他，所以很快李左车被押送到韩信面前。

韩信知道李左车是个难得的人才，有意将他留在身边为己所用，故而，当李左车出现在帐中时，韩信亲自给他松绑，并让他坐在首位，礼数很周到，犹如执弟子礼。

李左车沦为阶下囚后，本以为难免一死，没料到韩信对他如此礼遇，感激之余，就答应愿为韩信效劳。

招降、离间和李代桃僵

韩信如约兑现了庆功宴的承诺，将士们在轮流给韩信敬酒时，仍然对背水一战这样有违兵法常识的作战方式有点不理解，如此近乎自杀式的赌徒行为，万一战败，就不怕全军覆灭吗？韩信熟读兵书，其中道理不会不懂，为何还要执意如此啊！

面对众人的疑问，韩信哈哈大笑说："两军作战乃是生死相搏，应以实际情况随机应变，岂能为兵法教条束缚？况且兵法不还说'陷之死地而后生，置之亡地而后存'吗？若不是我军处于毫无生路境界，能激发出拼命厮杀的斗志吗？所以唯有不给将士们留任何退路，才能赢得最后胜利！"

将士们听后，又喜又怕，对韩信不由得多了几分钦佩之情。

宴会结束，众将散去，韩信特意留下李左车，就下一步消灭燕国方略，征求他的意见。

李左车感到有些意外，作为败军之将，指点胜利者如何作战，听来实在有点讽刺和滑稽，便推辞说："我不过是一介败军降俘罢了，怎敢在将军您面前妄谈军机大事，实在不敢当。"

韩信明白了，李左车有思想顾虑，便劝慰说："赵之覆灭，非足下之过也，恰是陈馀不听你的建议所致。百里奚在虞国，虞国国君沦为他人俘虏；

在秦国，秦穆公却称霸西戎。一个人智商在不同国家会有所不同吗？当然不是，是国君待臣下态度不同罢了，你有再好的计谋，遇到愚蠢的上级，也没法子！如果陈馀听了你的建议，怕今日沦为阶下囚之人是我，而不是足下了。"

韩信把话说得如此透彻，李左车便也不再有所保留，不过，并未顺着韩信话题抹黑陈馀，反而说："成安君陈馀兵败泜水，并非无能，他是一个富有韬略，能够做到百战百胜之士，而我当时提出的策略，现在看来正确，并非有多么聪慧，只是'智者千虑，必有一失；愚者千虑，必有一得'罢了。"

李左车的冷静和客观，使得韩信对他的为人更加敬重了。

李左车继续说："将军您自渡河以来，俘魏王、擒夏说，井陉口一战灭赵军二十万，诛杀陈馀，名震四海，为天下所瞩目。河北百姓生恐哪天沦为刀下鬼，无不胆战心惊，哪有心思搞生产。如今多数人吃好喝好，一门心思在等死。汉军已疲惫不堪，此时不顾将士劳苦，贸然继续开战，怕一时很难攻克燕国，若陷入长期拉锯战，粮食供给殆尽，两难之时，齐国看我们连弱小燕国都搞不定，就会更加顽固抵抗到底，如此，势必影响楚汉争夺天下的大局！"

韩信觉得李左车说的在理，便问道："那么，依你看当如何应对目前局面呢？"

李左车建议韩信，趁暂无战事间隙笼络民心，抚恤阵亡将士遗孤，让民众休养生息，使赵国尽快恢复正常社会生产秩序，借机犒劳将士、休整部队，恢复汉军战斗力。同时，要摆出一副时刻攻打燕国的架势，给燕国制造战争压力。

李左车以为，汉军在极短时间内消灭了魏、代两国，又重创赵国，必然给积贫积弱的燕国造成了极大震撼，因此，趁燕国惶惶不安之际，遣使赴燕，进行威逼利诱，相信重压之下，燕国别无选择，唯有投降。燕国一降，孤立无援的齐国，就不难对付了。

韩信听完击掌叫绝，马上依计而行。

果然如李左车所料，在汉军虚张声势之下，燕国投降了。

韩信在赵国北线作战时，刘邦也曾带领靳歙等将领在赵国南部开辟战线，先后攻破朝歌、邯郸等城池，邯郸周围的六县望风而降。靳歙一路穷追不舍，追及平阳，斩杀了赵国代理国相。

没多久，逃到信都的赵王歇，也被韩信诛杀。

韩信向刘邦推荐张耳为赵王，刘邦因楚军围攻荥阳，无暇顾及其他，便同意了。

汉军在河北一路过关斩将，灭魏、代、赵，迫降燕国，但在荥阳，楚军攻势有增无减，给刘邦造成极大压力。在军事上无法有所突破，唯有期望在外交战线，能够另辟战场，扭转目前不利局面。

随何出使九江后，刘邦天天在期盼，希望他能说服九江王英布，从后方掣肘项羽，分散一下荥阳方面的压力。

然而，随何的九江之行并不顺利。

随何抵达九江国都城六县后，被安置在驿馆，一晃三天过去了，连英布影子都没见着。

随何急得不行，向负责接待的官员太宰打听，英布究竟做何打算？太宰王顾左右而言他，套不出半句实话。

随何急了，拽住他袖子说："希望足下不要再糊弄我，九江王心思我知道，怕得罪项羽，但又吃不准楚汉谁能最后胜出，所以尚在观望，还望劳驾转告九江王，我愿陈情楚汉目前局势，如说的不在理，在下及二十名随从任由大王处置，就算将我等当街斩首，也决无二话！他也好向项羽有个交代，以摆脱嫌疑。"

太宰将随何的话，如实转达给了英布。

英布之所以避而不见，是因为随何抵达六县之时，项羽的使者也到了。

对项羽，英布很不满，但对刘邦，也没啥好感，他本想在局面未明朗之前，保持中立，谁也不帮。不过，听完随何的捎话，他思考一番后，改变了主意，决定还是见见随何。

随何见英布后，先不急于游说，反而问英布道："我有些疑问，愿大王予以澄清，敢问大王和项王是何关系？"

英布随口说："这还用问，项王是君，我是臣。"

随何摇摇头，不以为然地说："我看不太像。"

英布有些不悦："此话怎讲？"

随何见英布已上钩，便说："大王您和项王俱为诸侯，本就平等，何来君臣之说？就算北面向他称臣，也不过是惧怕楚国强大，绝非心甘情愿。"

英布不傻，才不会轻易上当，马上制止随何："寡人追随项王渡河北上，破釜沉舟，鏖战巨鹿，灭章邯二十万秦军。后又从项王西进入关，每有作战必当冲锋在前，共同诛灭暴秦，可谓出生入死，情谊深厚，先生之言也未免太荒谬了！"

随何平静地答道："此一时彼一时也。戏下罢兵以来，诸侯纷争不断，项王以倾国之兵北上攻打齐，大王仅仅出兵四千虚应故事。汉王率诸侯大军攻入彭城，项王远在千里之外，而大王您不过一水之隔，却不肯发一兵一卒渡过淮河前往救援，而是坐视彭城沦陷，以上种种，是为人臣之本分吗？"

英布一时无言以对，不知如何回答。

随何不容英布反驳，加大攻心力度，说道："大王您若真心做项王臣子，就该为楚国效命，唯项王之命是从，抑或彻底摆脱楚国，自立门户。但您既想依仗楚国庇护，又要独立自主，实不可取。项王背盟自立，杀害义帝，在天下人面前，早丧失了道义，注定难以长久。眼下诸侯怨言四起，项王败亡不过迟早之事，您却与项王为伍，与诸侯对立，难道没考虑过后果吗？"

英布继续保持沉默，但脸色越发难堪。随何知道，他被说中要害，内心开始摇摆了，但碍于面子，嘴上还不肯承认而已，就趁机说："项王尚未拿您开刀，只因要先对付汉王，得稳住您，可一旦击败汉王，诸侯势必见风使舵，重新归于楚，届时您觉得项王会放过您吗？"

英布不甘心就这样认输，反驳道："先生所言固然在理，但楚强汉弱，彭城一战，项王以区区数万之师击溃汉五十万之众，汉王仅以身免，如今被楚军困于荥阳，城破不过旦夕间，先生虽口舌厉害，然于事无补耳。"

自有战争以来，战争固然拼的是敌我双方将士的战斗力，但更是双方财力的消耗比拼，军粮是战争的关键因素，军队后勤保障能力直接决定战争结局。

随何从粮食保障切入，反击英布："汉王回守成皋（今河南省荥阳市汜水镇西）、荥阳后，萧何从巴蜀和汉中将粮食源源不断送到前线，同时深挖壕沟，加强营垒，死防要塞。楚军军粮需要从千里大后方运输，途中八九百里要经过反楚势力彭越的梁地，请问项王的粮，能有多少送到自己人手中？时间一长，饥肠辘辘的士卒们，怕是连兵器都拿不稳吧！到那时，楚军想从战场全身而退都难了。

"等汉军取得胜利，汉王会宽恕您今日坐观成败吗？就算楚军赢了，项王也不会饶过大王吧？眼前是与汉结好的绝佳机遇，就看大王如何决断了，汉王当然没指望借九江之兵消灭楚军，只要您拖住项王几个月就足够了。待汉王夺得天下，除了九江依然归您管辖外，我还可向汉王为大王争取另外一块封地。言尽于此，何去何从，愿大王熟察之！"

英布心理防线彻底被击垮了，他神色黯然，沉默了良久，最后叹口气说："好吧，事已至此，唯有归汉了。"

事后，英布又再三叮嘱，九江国叛楚归汉之事，是两家秘密协定，暂且还是保密为好。

随何知道，英布其实还在犹豫，必须断了他骑墙念头才行。

楚使此时仍蒙在鼓里，对九江与汉的秘密交易，一无所知，还在不停催促英布出兵。

一日，楚使又来催。随何突然闯进来，直接坐在楚使上席，厉声喝道：“九江王已归汉，贵使有何资格催促出兵？”

随何意外搅局，英布大惊失色，一时不知所措。

楚使察觉形势不妙，转身就走。

随何对英布说：“为封锁消息，大王决不可让他活着回去，赶紧下令杀掉楚使，立刻投奔汉王。”

英布不得已，只得派人杀掉楚使，出兵攻打楚国。

项羽得知英布叛变，派项声、龙且来攻打九江国，英布苦苦与楚军抗争了数月。

英布虽英勇善战，只是手下兵少将寡，苦苦支撑了数月后，九江还是沦入楚人之手。

英布想带上残部去投奔刘邦，但又担心目前这点兵力，无力突围，后来决定，让部下潜伏在九江，自己随随何抄小道投奔刘邦。

英布原是一名刑徒，数年间从囚徒逆袭为王，谁料不到一年，又一无所有。等到十二月，在宛县（今河南省南阳市）、叶县（今河南叶县南二十八里旧县）一带，英布终于见到了刘邦。

刘邦正坐在床边洗脚，一副爱理不理样子。

英布羞愧交加，当场就要拔剑自刎，幸亏周围之人，好说歹说总算把他劝住了。不过，待到安排食宿时，英布发现自己的待遇和刘邦一样，心理才稍稍平衡，看来汉王还是将自己视同一位诸侯王。

要论英勇，天下诸侯中，除了项羽，估计就是英布了。因此，他也养成了目中无人的坏习惯，刘邦故意冷落他，就是想杀杀他的傲气。

几日后，英布派人去九江联系旧部，同时迎接家人，大约数千人陆续来到汉营，只是，他的妻子儿女已惨遭项羽毒手，被悉数杀害。

对英布，刘邦既要利用，还要防范。他将英布九江旧部编制打乱后，进行重新改编，然后又给英布调拨部分兵力，驻守于成皋。

刘邦现在最头疼的事，还是缺粮。

尽管萧何从巴蜀、汉中将粮食源源不断送来，可常被楚军截断，致使汉营中常闹粮荒。军中缺粮，不仅削弱将士战斗力，更严重打击了士气，处理不好，还会出现士卒叛逃，乃至哗变。

刘邦找来郦食其，让他拿个主意。

郦食其擅长纵横术，他建议刘邦，为扭转当前被动局面，最好重新扶持六国王室后裔，恢复各诸侯国，给自己多找几个盟友，达到孤立项羽的目的。

刘邦病急乱投医，一时昏了头，未加细想，就命人刻诸侯印玺，只等印玺制作完工后，立刻让郦食其到各国，重立六国后裔为王。

郦食其尚未动身，张良从外地赶来。

刘邦正在吃饭，拉着张良说："子房来得正好，有人给我出了个削弱项羽的主意，你帮我参谋一下。"然后将郦食其的话给张良复述了一遍。

张良听完非常生气，忙问谁给您支的昏招，这要毁掉大王统一天下的大计！

刘邦也觉得有点不对劲了，请张良给他解释一下。

张良从饭桌拿起筷子，对刘邦比画着说："先借一下您的筷子，给大王分析一下目前局势。当年商汤灭夏、周武王灭商后，可以分封前朝后裔，但大王您却不能，为何？因为他们已绝对掌握了时局，将前朝王室命运完全操弄于掌中，这样做完全有自信。请问大王您有把握彻底消灭项羽吗？"

刘邦连连摇头，要有把握灭掉项羽，还需分封六国后裔吗？

张良又向刘邦摆列了许多周武王灭商后的善后举措，如表彰商朝的箕子、比干，实现了敌我和解；将商纣王巨桥粮仓的粮食、鹿台府库金钱散发给普通民众，用来收买人心；把战马放养在华山之南，将牛牧于桃林（地名，又称桃原，相当于今河南省灵宝市以西至陕西省潼关县东）之北，以示不再有战争，天下安享太平。

"请问大王，这些您能做到吗？"张良反问道。

刘邦承认，现在无力做到。

张良说："这就对了，有些事并非仅有良好愿望就能做到，周武王时代能做的，现在未必能行得通，为何？只因时代不同了，旧制度无法解决新问题。"

张良继续指出："大王与项王争夺天下，依靠的就是身边这些臣子，他们抛家舍业，丢下父母妻儿，不惧生死为您冲锋陷阵，为的是什么？还不是希望您完成大业，论功行赏之时，能封到一片土地，倘若您现在将天下封给了六王后裔，那么，他们跟着您还有何盼头？估计大多数人失望之余，都会舍您而去，到那时您又靠什么与项羽争？如今楚远比汉强，假使六国复辟，他们必然选择依附楚，而非汉，如此一来，您等于亲手给自己又树立一大批敌人而已！"

刘邦听完，又惊又气，连饭都咽不下去了，直接吐了出来，连声大骂郦食其："这个腐儒，差点坏了老子大事！"于是立即传令，将正在刻制的印玺全部毁掉。

陈胜起义之时，秦帝国是天下人共同的敌人，陈胜只不过在道义上给予支持罢了，实际地盘还在秦人手中，六王后裔想要复辟，还要靠自己。如今，形势大不一样了，魏、赵、代、燕等河北诸侯国已经被汉军拿下，如果想要立六王后裔，就等于将到手的地盘让出去。

如果复辟六国成功，那么刘邦得到的最多也就是一些虚名和空头赞誉罢了，而失去的却是实实在在的土地控制权。

幸亏张良及时制止了这一计划，不然后果不堪设想。

而此时，楚军对汉的攻势愈加猛烈，刘邦每天都在煎熬中度过。楚国方面，项羽首席谋士范增对汉军情况了如指掌，他早就打探得知，汉军大部分主力部队被韩信带去平定河北，驻守荥阳的汉军，兵力上对楚不占优势，只要楚军不泄气，攻下荥阳是早晚之事。

正当刘邦一筹莫展之际，陈平建议说："汉军从正面战场要战胜项羽实在太难，何不另辟战线，从敌人内部下手，分化瓦解对手，只要楚营内部人心散了，咱们就有机会了。"

刘邦让他讲讲具体办法，陈平道："项王看似强大，但对他忠心不贰的臣子并不多，也就亚父范增、钟离眜、龙且、周殷数人罢了，只要设法使他们君臣离心离德，相互猜忌，人心涣散，就等于成功了一半。项王耳根软、疑心强，只要舍得花钱，让他身边亲信不停说这些重臣们的坏话，难保他不会起疑心。"

刘邦问："大概需要多少钱？"

陈平说："需要数万金。"

刘邦现在也差钱，但还是马上调拨了黄金四万斤，并特意叮嘱陈平，钱具体怎么花，不用时时汇报，一切由他说了算。

没多久，楚营中开始流传，大将钟离眜劳苦功高，但项王却迟迟不分封土地给他，他心生怨恨，于是私下与汉军串通，图谋灭掉项羽，均分楚国，各自称王。

项羽在疑心病促使下，疏远了钟离眜等人。

不用问，陈平的金子起效了。

但离间钟离眜是第一步，范增才是楚营的灵魂。只是范增在楚营中德高望重，项羽尊他为亚父，想要扳倒如此重量级人物，仅仅靠金钱收买和散布谣言，是远远不够的。

一日，项羽派使者赴汉营，接待官员正是陈平。

楚使落座后，面对丰盛的招待宴席，正要动筷子，陈平从外面急匆匆赶来，对负责上菜侍者低声呵斥几句，然后致歉说："实在抱歉，手下人办事马虎，让贵使见笑了，错把您当成亚父使者了。"

楚使本以为，陈平赔礼是因宴席礼遇不周，正要客套时，桌上酒席被侍者们撤下去了，然后，换上几碟寒酸简陋的酒菜。

陈平的态度，也从最初的殷勤备至，变得很冷淡。

楚使很恼火，回去后，立马给项羽汇报了在汉营的见闻，项羽开始对范增起了疑心。此后，无论范增再提什么建议，项羽一概不听。

陈平的手段谈不上高明，骗得了项羽，却瞒不过范增。

老头子恨项羽没脑子，如此简单伎俩就让他上了当，我已七十多了，拼着老命为你效力，没想到你小子却如此不信任我。既如此，待在这里有何意义，不如早点收拾回家，剩下的事，你自己看着办！

范增本来有点赌气，假如项羽服个软，挽留一下，或许两人还能重归于好。令范增寒心的是，项羽很快批准了他的辞职请求。

范增一气之下，独自一人乘车离去。

返回彭城的路上，范增回想往事，这些年来，为了项羽，他可谓呕心沥血，不料最终却被撵回老家，越想越生气，急火攻心之下，背上生了一个毒疮，一病不起。

范增已年届古稀，拖着病躯哪经得起长途车马劳顿，人还没到彭城，就撒手人寰了。范增死讯传来，项羽心中多少有些悔意，但人死不能复生，一切为时晚矣。

转眼间，就到了五月，汉军军粮已尽，而楚军攻势愈加猛烈，荥阳城岌岌可危。刘邦赴鸿门宴时，将军纪信曾与樊哙护送他脱身，眼看荥阳就要守不住了，他再次站出来，请求做刘邦替身，掩护他突围。

夜半时分，陈平下令，将两千余妇女放出荥阳东门，纪信坐在刘邦的车驾上一起出城，径自驶向楚营，大声说："我们粮食已经吃完了，实在走投无路了，愿意向楚军投降。"

楚军看城中冒出许多人，夜色太黑，一时难以分辨得清，还以为汉军深夜偷袭，去围攻那些妇女。后来见到汉王车驾，纪信在车中传话，愿意投降，都以为刘邦亲自来乞降了。众人大喜过望，不停地高呼万岁。

后来，楚军才发现车中所坐者不是刘邦本人，而是纪信假冒，项羽明白上当了，恼羞成怒之下，命人将纪信活活烧死。

而刘邦趁着纪信牵制楚军之际，摸黑逃出了荥阳城。

第九章

反败为胜成帝业

夺兵、分羹和意外负伤

刘邦逃离荥阳后，城内主事之人就剩下周苛、枞公、魏王豹三人。周苛觉得魏王豹反复无常，不值得信任，便杀了他。魏王豹一辈子碌碌无为，不过他死后，他的一位小妾，给刘邦生下一子，就是汉文帝刘恒，而汉朝一脉，都是出自文帝，这恐怕是无论刘邦还是魏王豹都没料到的事。

再说刘邦逃回关中后，集结兵马，想重返荥阳，与楚军决战。

一名叫辕生的儒生劝刘邦："楚汉在荥阳相持不下已有数年，现在重返荥阳，短期内怕是依旧很难突破，何不南下武关佯攻楚国，项羽得知后定会前来围堵，大王只需固守不战，牵制楚军兵力即可，如此可减轻荥阳、成皋的压力。韩信可以趁机安抚燕赵民心，使河北一带化为汉的一部分。到那时，大王再北上荥阳，与楚军展开决战，如此，既能拖垮楚军，又能壮大汉军，进而一举击败敌人。"

刘邦觉得辕生主意很不错，便下令出武关，驻军宛城。果不其然，项羽害怕刘邦偷袭自己大后方，率兵前来堵截。刘邦下令大军坚守不出，不理睬楚军的挑战。

进攻没法突破汉军壁垒，撤退又担心被刘邦抄了老窝，两难之下，楚军只得陪着汉军一起耗着。

楚汉双方对峙荥阳以来，楚军粮草辎重常被彭越劫道，现在项羽又接到坏消息，本在梁地活动的彭越，渡过睢水，攻击下邳城，楚将项声、薛公率军迎战，却被击溃，薛公也战死沙场。

项羽勃然大怒，撇下刘邦，去攻打彭越。

刘邦迅速北上，重新夺回成皋。

得知项羽率领大军前来，彭越迅速撤走了。项羽有劲使不上，只好返回，再次围攻荥阳。

荥阳防卫力量很薄弱，难以长期扛住楚军强攻，不久便被项羽破城，周苛、枞公被俘，韩王信也落入楚军手中。

项羽劝降周苛失败后，将周苛投入大锅，活活给煮杀了，枞公也被项羽处死。韩王信一看吓坏了，立刻向项羽投降。不过，他后来瞅准机会逃了出来，重回汉营。

占领荥阳后，项羽又出兵包围了成皋。

刘邦担心成皋也难以守得住，让夏侯婴驾车，孤身逃了出来，渡过黄河，夜宿在小修武（今河南获嘉县东）驿站客舍中，由于太过紧张，刘邦彻夜失眠了。

现在他唯一的办法，就是赴韩信大营搬救兵。

可如今的韩信、张耳，握有数十万兵马，坐拥燕赵，他们得知自己兵败只身来投，是否还会听自己的？万一他们翻脸不认人，又怎么办？

思考了一晚上，刘邦还是没想出个好办法，等天明时，他最终决定豁出去赌一把，命夏侯婴驾车一路狂奔，赶到韩信大营后，直接驰入军营，在中军大帐门口才停下车，直接闯入韩信、张耳卧室，夺走了兵符印信，挥动军旗召集诸将集合，快速调换了众人职位。

此时，韩信和张耳睡醒，等反应过来时，刘邦已掌握了局势，牢牢操控了军权。刘邦当众宣布解除两人军权，命韩信以赵国国相身份从赵国征集兵员，前去攻打齐国。

刘邦通过冒险行动，由孤身逃亡之人，又重新拥有了数十万大军。

刘邦出逃后，成皋很快沦陷，落入项羽手中。从成皋逃出来的汉军将领们，得知刘邦下落后，也陆续赶来会合。

刘邦移师驻于黄河边，计划与项羽再战。后听从郎中郑忠建议，暂时韬光养晦，另待战机，再战不迟。

刘邦为了削弱楚军士气，谋划切断楚军后勤补给线，扰乱项羽作战部署，命族人刘贾和发小卢绾带领数百骑兵和两万步兵，渡过白马津，深入敌后方，配合彭越，破坏楚军的粮草补给。

楚军察得刘贾、卢绾动向，前来围攻汉军，但刘贾坚守不出，与彭越遥相呼应，减轻了彭越压力。彭越趁势夺取了梁地的睢阳、外黄等十七座城池。

为防止被彭越彻底切断后路，当年九月，项羽留下大司马曹咎守成皋，亲征彭越。临行前，项羽特意交代曹咎："我走后，若汉军来攻，切不可交战，只需保住城池，阻止汉军东进即可，只要为我争取十五日时间，我便可灭了彭越，重新返回。"

项羽率大军很快重新夺回了陈留、外黄、睢阳等地。

数年来荥阳、成皋数易其手，刘邦有点灰心了，打算放弃成皋以东之地，只要遏制楚军不再西进，称王西部半壁江山，已心满意足了。

不过，刘邦的想法遭到郦食其反对。他指出楚汉并立，双方长期和平共处根本不可能，必须打出个胜负才能罢休，而荥阳在楚汉争夺天下中具有决定性作用。这是因为荥阳不但是战略要地，还有天下最大粮食储备库——敖仓。

自秦朝起，从各地征集来的粮食，源源不断运到敖仓，敖仓作为军粮和国家储备粮中心，具有无法替代的战略地位。项羽占领荥阳后，仅派一些老弱士兵把守敖仓。

郦食其建议刘邦，趁着项羽率楚军主力东去，荥阳防守薄弱之际，赶紧出兵夺回荥阳，占据敖仓。

刘邦觉得郦食其言之有理，马上改变主意，派人攻打成皋。

成皋楚军守将大司马曹咎起初按照项羽临行前交代，任由汉军叫骂，就是装聋作哑，不肯出战。为了激怒曹咎，汉军辱骂言辞越来越难听，到后来，曹咎实在不堪忍受，怒火冲头后，不顾项羽将令，率兵杀出城来。

汉军见楚军上钩，立刻撤退，渡过汜水，楚军紧追不舍，跟在后面强渡，大军刚渡过一半，汉军伏军突然杀出，将楚军打了个措手不及，死伤无数。

曹咎此时才明白上当了，悔不该违令擅自出战，遂自杀身亡。

此战楚军溃军内，塞王司马欣也在其中，他先降汉，后又叛汉，为免被汉军俘虏后，再蒙受羞辱，与曹咎一起自杀了。

汉军攻占成皋后，快速收复了敖仓，不再为军粮发愁，士气顿时大增。

项羽听说成皋丢了，又急又气，忙率军回撤，驻军广武，与汉军形成对峙。项羽粮食补给严重不足，想速战速决，而汉军紧闭壁垒，不肯出战，一晃就是数月。

项羽气急败坏之下，命令在汉军壁垒前支起肉案，架起大锅，将刘邦父亲置于案板之上，命令楚军冲着汉营喊话，让刘邦赶紧出来投降，要不然就把太公扔到锅里煮了。

刘邦站在军营壁垒之上，远远看见被按在肉案上瑟瑟发抖的老父亲，非但没有惊慌失措，反而笑嘻嘻地冲项羽喊道："你我二人曾同为怀王之臣，结盟约为兄弟，所以我父亲就如同你父亲，你既然想煮杀自己老父，吃肉的时候，别忘给我也留一杯肉羹啊！"

项羽没想到刘邦如此流氓无赖，一怒之下，准备将刘太公投入沸水滚滚的大锅中，此时，项伯站出来劝道："争夺天下之人，多心如铁石之辈，刘邦也不例外，用家人性命安危要挟他，估计用处不大，即使杀了太公，也于事无补，反而给天下人留下残暴不仁的话柄，实在不值得。"

鸿门宴后，项伯就与刘邦私下往来，收了不少好处，眼看刘太公要被下锅，自然要站出来说几句。由于项伯多次暗中传递情报，并保住了刘邦家眷，刘邦一统天下后，他非但没有受到株连，反而被赐姓刘，官拜射阳侯。

项羽求战不得，后退又不甘心，便捎话给刘邦："你我相争，已有数年，何必因为我们二人，搅得天下不得安宁，我正式向你挑战，你要是个英雄好汉，就不要像乌龟般躲于壁垒后不敢出头，请勇敢站出来，与我决斗，结果无论谁胜谁负，失败者向胜利者投降，好让天下百姓不要因我们二人再遭苦难！"

项羽是个英雄，喜欢用个人英雄主义来考虑问题，然而，刘邦本是个流氓无赖，他才不会单打独斗。接到项羽提议后，刘邦感到项羽幼稚得有点天真可爱，笑着回话道："真英雄斗智力，而非拼蛮力，我宁肯斗智，也不愿斗狠。"

项羽没招了，只好命楚军将士前去骂战，但稍微接近汉营，就被刘邦手下一名叫楼烦的神射手所射杀，项羽勃然大怒，亲到阵前挑战。

相传项羽天生重瞳，双目怒睁，目光犹如闪电，一声怒吼，仿若平地起惊雷。楼烦在项羽逼视之下，刹那间双眼似乎被灼伤一般，吓得几乎站立不稳，竟忘了张弓搭箭，踉踉跄跄下了壁垒，躲了起来，再也不肯出来。

刘邦得知项羽亲自上门，也有些惶恐，但又不甘被项羽势压一头，让将士们耻笑，便提出两人隔广武涧（位于今河南荥阳市黄河南岸广武山上一条巨大沟壑）对话，项羽答应了。

项羽再次提出，为了百姓免遭战乱荼毒，愿与刘邦一对一单挑分胜负，然后消弭争战，令天下共享太平。项羽知道刘邦不敢迎战，但当着两军将士，在阵前再度提出，就是有意羞辱刘邦。

不过，刘邦也不甘示弱，立马反击，当场宣布了项羽的十大罪状：

违背怀王先入关中者为王的约定；

假托怀王之命，杀害卿子冠军宋义；

巨鹿之战后，没请示怀王，就裹挟诸侯军入关；

焚烧咸阳宫室，盗秦始皇陵墓，取其财物据为己有；

诛杀本已归降的秦王子婴；

在新安坑杀二十万秦降卒；

驱逐原诸侯王，分封给亲信；

驱逐义帝，夺韩王封地；

派人弑杀义帝；

执政不公，主盟不义，大逆不道。

罗列完项羽罪状后，刘邦说："与你这等不仁不义的逆臣贼子决斗，对我而言是耻辱，才不屑为之。我身后有数十万正义之师，随便派个刑徒就可与你见高低，哪用得着我亲自动手！"

项羽一气之下，暗中张弓搭箭，一箭冲着刘邦射来，刘邦来不及躲闪，被射中胸口。为避免动摇军心，刘邦急中生智，顾不上疼痛，躬下身子握住脚说："这家伙射到我脚了。"

为了稳定军心，免得谣言四起，张良提议刘邦带伤去劳军，刘邦只好强忍着疼，抱病到各营安抚将士。由于伤情严重，没坚持多久，便被送到成皋疗伤。

待到箭伤稍愈后，为了稳定大后方，刘邦又返回关中，在栎阳市口，将塞王司马欣头颅高悬示众。

四天后，他又重返广武前线。

辩客、假王和鸿沟分界

自出关作战以后，刘邦将关中大后方和太子刘盈托付给萧何。萧何善于搞后勤，兢兢业业，为刘邦保住了大后方的稳定，将源源不断的兵源和粮草送到前线，使得刘邦能够心无旁骛地与项羽作战。

但是，刘邦心中还是有顾虑。人心难测，谁能保证时间长了，萧何就不会有点想法？一旦萧何起了野心，封闭函谷关，如此，前有项羽大军压境，后无可退之地，必将死无葬身之地！

但有些话不能明说，他重返关东前线后，无论多忙，都不忘派人到后方慰劳萧何。

萧何起初还没反应过来，不过，有位鲍姓书生窥察到刘邦用意了，他找到萧何说："汉王在前线战场上风餐露宿，浴血奋战，却常派人来慰劳您，不觉得这事有点蹊跷吗？"

听鲍生一提醒，萧何也感到刘邦此举有点不合常理，遂问他："这是怎么回事啊？"

鲍生说："汉王是对您有点不放心，只是暂时离不开您，想设法稳住您，但长此以往，您恐怕就危险了。"

萧何有点慌了，忙向鲍生请教，怎样才能让汉王彻底放心。

鲍生说："抓紧时间送家中子弟到前线去，到汉王军营效力，如此一来，君臣没了相互猜忌，您也可保平安无事。"

萧何立刻照做，将家中子侄等人全送到荥阳汉营，听候刘邦差遣。果然，刘邦再未派人来慰问萧何。

广武涧楚汉两军对峙已久，刘邦精神高度紧张，常常难以入眠。就在这时，他接到韩信从齐地送来的书信，请求封他为假齐王（即代理齐王）。

刘邦不由得火大了，破口大骂："我在这里焦头烂额，你不替我分忧，反想自己称王！"

在场的张良和陈平一听，忙暗中踩了一下刘邦的脚，低声在耳边提醒他，现在可不是得罪韩信的时候，万一惹恼了，岂不是将他推到项羽一边。

刘邦立马反应过来，将计就计，顺势继续骂道："韩信这小子太没出息了，大丈夫要称王，就要做堂堂正正的王，何必做假王！"当下命令张良带上印信，前往齐地，正式册封韩信为齐王。

为平定齐地，刘邦本有两套方案：一是军事方式，由韩信率军从赵入齐；二是外交手段，派郦食其出使齐国，游说齐王田广归降。

郦食其从成皋出发，一路车马疾驰，抢在韩信前面抵达齐国都城临淄。

齐王田广得知韩信率兵东来，派华无伤、田解带重兵驻于历下（今山东济南市西，南对历山，城在山下，故名），做好抵御汉军入侵准备。

得知郦食其奉命前来谈和，田广抱着试试看的态度接见了他。

见到田广后，郦食其开门见山就问道："齐王只要稍加留意，就会明白，汉王深得人心，而项王已被天下人唾弃，项羽违反义帝先入关者为关中王的约定，将汉王迁到汉中，后又杀死了义帝，就是个毫无信义之人。

"汉王为替义帝复仇，联合诸侯，讨伐项羽，凡有功之人，悉数封赏，毫不吝啬，海内英雄都争先恐后投靠汉王。反观项羽，有功不赏，嫉贤妒能，只信家人亲信，属下与他离心离德，众叛亲离，彻底失败是早晚之事。

"汉王已平定三秦，击败魏、赵，河北之地业已属汉，并夺得敖仓，手下兵强马壮，粮食充足，吃喝不愁，成皋、白马津等战略要地皆已被汉军占据，天下终究归谁，这不是明摆着吗？您现在抢先归汉，可保全齐国，富贵无忧，但若迟疑不决，等楚汉之争结束，齐国宗庙社稷恐怕就难保了，何去何从，还望早做决断！"

韩信用兵如神，如今亲自引兵前来，田广知道单凭齐国兵力，根本无法与之抗衡。思前想后，田广决定与汉媾和，为表示诚意，还特地下令解除历下城的战备防守。

国家大事已了，田广请郦食其留下来和自己好好痛快喝几杯。

郦食其没有理由拒绝，便留了下来，两人天天在一起开怀畅饮，喝得酩酊大醉。

然而，郦食其高兴得实在有点早了。

郦食其劝降齐国，免除了一场战争，于国于民都是一件好事，不过，韩信作为一名将军，如今仗还没打，就已经结束了，使得他此次东征变得毫无意义，沦为郦食其外交行动的陪衬，他心中很不痛快。但也只能承认现实，打算取消此次军事行动。

不过，有人表示反对，持反对意见之人为蒯通。

自劝范阳令徐公归降赵王武臣以后，蒯通事迹不详，他是如何出现在韩信军营的，也不得而知，但韩信后半生命运与蒯通的出现有莫大关系。

蒯通早看出韩信是个有大志之人，劳师动众而来，却要无功而返，他是很不甘心的。

蒯通道："将军奉汉王之命攻打齐国，就算郦食其劝降了齐王，可将军接到汉王取消进攻的命令了吗？没有！那为何要停下来，不继续向前呢？况且郦食其不过是一介说客罢了，单车入齐，摇唇鼓舌，靠三寸不烂之舌，就让齐国七十余城归降，与他一比，将军您率领数万大军，历时一年才攻占赵国五十余城，这难免会让世人产生一种错觉，将军您反而不如一个腐儒，这对您不公平！"

在蒯通鼓动下，韩信最终决定，不理会郦食其与齐王达成的和平协议，下令大军继续攻打齐国。

齐国上下皆以为两家已和解，就放松了戒备，没料到韩信率汉军在夜色掩护下渡过平原渡，突然发起攻击，齐军没来得及组织抵抗，历下城就被攻破，汉军长驱直入，攻到临淄城下。

齐王田广以为被郦食其骗了，认为汉王一方面让郦食其用花言巧语蒙骗自己，另一方面却让韩信发动偷袭，气愤不已，找来郦食其，斥责道："你现在还想活命的话，就赶紧让汉军停止进攻，否则，我就煮了你！"

郦食其没料到韩信会来这一手，但现在说什么都晚了。他明白，战车既然已启动，想要阻止韩信停下，已无可能。箭在弦上，不得不发，刀已出鞘，不可无功而返。事已至此，再多解释也是枉然，索性就不必再费唇舌了，便对齐王说："成大事不拘小节，有大德无惧口舌，老子我也懒得替你往韩信那里跑一趟，你自己看着办吧！"

田广一时悔恨交加，当即下令将郦食其活活煮了，而后带领部下，逃离临淄，向东逃往高密一带去了，慌乱之间，君臣各奔一方，田横奔博阳，齐相田光赴城阳，将军田既驻于胶东。

在逃亡途中，田广派人向项羽求救。

得知汉军入齐，项羽派将军龙且引兵赶来救援，对外号称二十万大军，与齐王田广会师于高密。

龙且是项羽手下一员猛将，英布叛楚后，正是龙且打败了英布。此战龙且志在必得，他盘算取胜后，将齐国一半国土作为自己封地。

有人建议龙且："汉军远道而来，必然急于求战，最好避其锋芒，先高筑壁垒、深挖壕沟，以消耗汉军粮草。同时，将楚军赶来援齐的消息尽快散播出去，告诉齐国百姓，齐王田广还活着，鼓动降汉城池的军民暴动。汉军没了本地人支持，物资难以得到保障，定会寸步难行，只有投降一条路可走。"

龙且自以为骁勇善战，骄傲自大，很看不起韩信，他有点不屑一顾地回答道："对付汉军哪用如此麻烦，我很了解韩信，他早年连自己都养不活，靠蹭饭才活了下来，性子怯懦，连钻裤裆这种羞辱都能忍得下去，根本毫无勇气。与他作战，无需过多忧虑。我们来救援齐国，连仗都没打，就接受汉军投降，还谈什么功劳，若在战场上击败汉军，大半齐国就可以名正言顺归我了。"

汉高帝四年（公元前 203 年）十一月，龙且率领的齐楚联军与汉军在潍水（今山东境内潍河）隔河相望，决战时刻来临。

天色将晚，韩信命汉军全军出动，扛起沙袋急行军，在潍水上游，用沙袋堵塞河道，制造人工堰塞湖。随着水位逐渐上升，潍水下游流量逐渐减小。

韩信下令一半人守在上游，另一半人趁着夜色渡河对楚军发起攻击。楚军遇袭后，龙且命令出击，交战没多久，汉军佯装战败，纷纷泅水向河对岸逃去。

黑夜中四下无光，龙且未察觉河水变化，便下令全军出动，务必全歼敌人。

韩信在河对岸，观察汉军大概已上岸，而楚军正涉水而来，于是下令上游将士决堤，潍水猛然大涨，暗夜中向下游咆哮而来。一时间，正在半渡的楚军，来不及上岸，被洪流裹挟而去，淹死无数。

而先一步上岸的楚军早慌作一团，韩信趁势发起反击，楚军多数人非死即伤，余者皆作鸟兽散，一代猛将龙且也死于混战之中。

战后不久，齐王田广、齐相田光皆为汉军俘虏。

田横遂自立为王，但很快被灌婴打败，只好逃到梁地，归顺了彭越。

齐地平定后，韩信野心也膨胀了，开始想称王，就派人向刘邦求封。如今韩信占据齐国全境七十余城，手握重兵，与楚、汉两家并立，呈三足鼎立之势。

名义上，韩信现在还是刘邦部属，但心态有了微妙变化，在赵国时，被刘邦乘其不备，强夺兵权，他心中肯定有不满。

灭齐之后，韩信一下子变得天下瞩目，楚汉双方都在积极争取他。刘邦已派张良册封他为齐王，而楚国方面，也派武涉出使齐国，来拉拢韩信。

武涉是著名策士，他自信能说服韩信降楚，退而求次，至少让韩信在楚汉之争中保持中立。

武涉来到齐国，拜见韩信，希望韩信在楚汉两家之间选择时，最好想清楚，他说道："秦末以来，天下人饱尝战争之苦，秦朝灭亡后，本可共享太平了。对汉王，项王本已论功行赏，封了土地，但他贪得无厌，主动挑起战争，占了三秦不说，又东出函谷关，攻打楚国，他是不吞并天下誓不罢休，一个如此贪婪之人，能信得过吗？再看看项王为人，称得上胸襟宽广，大仁大义，汉王好几次落入项王手中，完全可以杀掉他，只是项王不忍，放过了他，可汉王非但不感念项王恩德，反而撕毁盟约不认账，这样的人信得过吗？"

武涉的核心意思是刘邦人品很差，根本靠不住。点评完刘邦后，他温馨提示韩信，不要对刘邦心存任何幻想，要为自己未来做好打算："以汉王的贪婪，他绝不会与人分享天下，大王您早晚要被他除掉，到目前为止，他还未对您下手，只因项王还在。楚汉成败全系于大王一念之间，何去何从，还望深思熟虑，只是我要提醒您，一旦楚国被灭，下一个就轮到您了！"

给韩信分析完利害关系后，武涉又对他诱以利好："其实，大王与项王也是故人，为何不与楚联手，平分天下，各自为王呢？如此天下太平，皆大欢喜，何乐而不为？以您的聪慧睿智，我想一定会做出正确的选择！"

不得不说，武涉说话逻辑清晰，将当前天下局势剖析得头头是道，各方利弊都说得明明白白，口才实在出彩，就连韩信都不得不承认，他说的在理。

韩信作为一名统帅，可谓战无不胜、攻无不克，杀伐决断，雷厉风行，但他有个致命的弱点，就是太重感情。

韩信为人太看重感情，做不到冷酷无情。刘邦在他人生低谷之时擢拔他，拜为大将军，委以重任，才有了今天，这份情义他没法忘怀。

听完武涉之言后，韩信内心很矛盾，但经过一番思想斗争后，最终还是拒绝了他的提议："当年我在楚营，不过是个执戟卫兵罢了，曾多次向项王提建议，都不被理睬。后来，我改投汉王，汉王对我信任有加，恩重如山，授以高位，委以重任，才有今天地位，我现在叛汉归楚，有何面目立足于天地间，还望您代我向项王致谢，项王的情我领了，但恕难从命。"

韩信终究还是忘不了刘邦的知遇之恩。作为寻常人，重情义、不忘恩负义值得赞誉，但作为政治人物，感情用事就会付出沉重代价。后来的事实证明，韩信在军事上是一名优秀的将领，但在政治上他是不成熟的，甚至可以说有点幼稚，性格决定命运，韩信的人生注定要以悲剧而结束。

武涉无法打动韩信，只得无功而返。

韩信会见武涉时，蒯通也在场，对武涉的建议，他深以为然，只是韩信已拒绝与项羽结盟，所以，他提议韩信保持中立，不偏向楚汉任何一方。

"楚汉之争已过三年，天下战火不休，生灵涂炭，百姓困苦，白骨遍野，而今楚人兵困京县、索城，受阻成皋，再无力前行。同样，汉王率十万大军，布防于巩县、洛阳，空有山河之险，却无尺寸之功，反而屡屡受挫，难以自保。就目前这种局势，再僵持下去，除了增加无辜百姓的伤亡外，短期内难以打破僵局。解开这场死局的决定权，就掌握在大王手中，无论您倒向哪一方，另一方必败无疑。我认为，您谁也不帮，保持中立即可，双方皆不得罪，与楚汉两家鼎足而立，三分天下。以齐国强大实力，迫使赵、燕两国归顺，牵制楚汉，作为中间人，调解他们之间的纷争，上可在天下诸侯间树立威望，下可争取民心，必然大有作为。上天把大好机遇摆在您面前，休要错过，否则将来悔之晚矣！"

韩信依旧犹豫不决，说："汉王待我不薄，岂可贪图富贵，做忘恩负义之人！"

蒯通头脑很冷静，劝韩信切不可感情用事："世间最靠不住的便是情义，只因人心会变，远的不说，就说张耳和陈馀，他们当初可是生死之交，但最后又如何呢，陈馀还不是死在张耳手中？这可是您目睹之事。当初他们情真意切时，会料到最终结局是这样吗？到底是何原因，使得这对刎颈之交变成势不两立的仇敌？是人的欲望！人世间最难以捉摸的便是欲望，在欲望面前，友谊会变得一文不值！

"请问您和汉王的情谊，比得过张耳和陈馀吗？我估计没法比，但你们涉及的利益，却是他们二人没法比的。因为张耳和陈馀，充其量不过是争夺赵国一隅之地而已，但您和汉王面对的将是整个天下！

"或许大王认为，只要您对汉王忠贞不贰，他绝对不会对您下手，如果您这样想，就过于天真了。春秋之时，文种帮越王勾践复国，称霸诸侯，功劳够大吧，文种对越王始终忠诚如一，但最后还不是兔死狗烹！大王您扪心自问，您对汉王的忠诚比得过文种吗？

"论情谊，您和汉王之间，没法与张耳、陈馀比；论忠心，您比不上文种。面对古今血淋淋的先例，您真有信心能确保全身而退吗？

"臣下建立的功劳，若大到让君王坐立不安，赏无可赏时，他就相当危险了，如今您无论归汉，还是降楚，都必将无法容身，怎么还不早下决断呢！"

韩信无言以驳，感到心中很乱，听不下去了，便打断蒯通话头，说让他再考虑考虑。

几天后，蒯通再次上门，劝韩信不要再患得患失，赶紧下决断，否则当断不断反受其乱。

韩信仍拿不定主意，认为自己有大功于汉，刘邦不至于太无情无义吧，最终还是没听蒯通的建议。

蒯通明白了，韩信始终对刘邦抱有幻想，再留在他身边，恐怕自己都不会有好下场，便悄然离韩信而去。此后为了自保装疯卖傻，在民间化身为巫师，替人驱鬼辟邪，而他纵横家的身份渐渐不为人知。

韩信下定决心后，便发兵攻楚。

由于彭越在背后捣乱，楚军后勤供给一直不畅，军中普遍缺粮，已经够让项羽头疼，现在又遭到韩信攻击，一时首尾难以兼顾，疲于应付。正在此时，刘邦派使者侯公到楚营，向项羽提出，希望归还自己家眷。

扣押刘太公、吕雉后，项羽本指望能使刘邦投鼠忌器，有所顾忌，谁料对刘邦根本没有用，反而，杀也不是，放也不是。既然汉营派人来了，就干脆做个顺水人情，答应放人。

借此机会，项羽提出，楚汉就此罢兵，以鸿沟（战国时，魏惠王开凿的运河，自今河南荥阳市北引黄河水向东，至淮阳县东南入颍水）为界，西归汉，东归楚。

连年征战，汉军也已疲惫不堪，将士普遍厌战，得知项羽愿意罢兵言和，刘邦自是求之不得，马上表示赞同。

美人、英雄和离别曲

汉高帝四年（公元前203年）九月，项羽派人将刘太公、吕雉送了回来，汉军将士悉数列队欢迎，高呼万岁，声彻云霄。然后，楚汉约和，项羽领兵东归而去。

侯公之前，刘邦曾派谋士陆贾跑过一趟楚营，游说项羽放了太公和吕雉，但是遭到项羽一口回绝，陆贾碰了一鼻子灰，垂头丧气回来了。

论名气和地位，侯公远不如陆贾，但他办成了陆贾没有办成之事。

刘邦大喜过望，封侯公为"平国君"，只是册封诏书送达时，侯公早已不见踪影，室内空无一人。

侯公这位连名字都没有留下的辩士，办事不邀功，事成则隐身，实在是一位高人，但世上之人，又有几人能不为名利所累？

再说刘邦，一家人劫后重逢，夫妻团圆，父子相聚，本该高兴才是，可惜分别数年，家人之间已变得有些陌生了，再也回不到从前了。

在楚营数年人质生活，使吕雉身心备受创伤，变得憔悴不堪，现在一家子好不容易重聚，但她发现再也找不到家的温馨。

如今的刘邦，已不是泗水亭长，而是贵为汉王，他身边早已莺歌燕舞，多了许多年轻貌美女人，吕雉在岁月煎熬中，已是人老珠黄。

聊以欣慰的是，因为对吕雉很歉疚，刘邦很快宣布立她为王后。

不过，吕雉虽然回到刘邦身边，但丈夫的心已不在她身上了。刘邦有个定陶戚夫人，生得花容月貌，勾引得刘邦魂不守舍，而刘邦对戚夫人所生儿子刘如意视若掌上明珠，几乎形影不离，而对吕雉所生儿子刘盈，却留在栎阳，不闻不问。

吕雉仔细打量着眼前这个陌生的家，开始学着转换身份，以王后的身份在世人面前公开亮相。

与刘邦分别的日子，吕雉已被岁月磨砺得坚韧不拔和刚毅决绝，早就不是当初娇滴滴的吕家大小姐了，在楚营的人质生涯，使得她学会了隐忍。

她知道，刘邦家业有多大，其中危险就有多大，现在可不是撒泼使性子的时候，女人的一哭二闹三上吊，对于解决当前的家庭危机毫无帮助，她现在能做的就是暗中蓄积力量，利用王后的身份，巩固手中的权力，在此之前，决不能意气用事。

至于刘邦，目前主要忙着与项羽和谈，根本无暇顾及吕雉，在他看来，立她这位原配夫人为王后，也算是对得起她这些年吃的苦了。

楚汉达成谈和协议后，项羽就撤兵返回楚国了。

这些年来，刘邦一直在打仗，也太累了，如今得了半壁江山，也满足了，他只想早点返回关中，享几天清福。

但是，张良和陈平表示反对。

他们指出，项羽之所以主动和谈罢兵，是因为兵疲粮尽，不得已而为之，待他缓过神来，必会卷土重来，何不乘势追击，一举灭楚，否则后患无穷。

刘邦遂改变主意，率兵追击项羽。

汉高帝五年（公元前202年）冬十月，刘邦率兵抵达阳夏南，派人去通知彭越和韩信，命他们前来会师，共歼项羽。

可直到刘邦抵达固陵（今河南太康县南）时，仍然不见彭越和韩信踪影。

援军没等到，却与楚军遭遇，一仗下来，刘邦被楚军击败，吃了败仗后，只得修筑壁垒，固守不出。可这么耗着也不是个事儿，刘邦让张良赶快拿个主意。

张良说："按照路程算，彭越和韩信早该到了，但迟迟不见人，大王可知其中缘由否？"

刘邦哪有心情猜，催促张良别卖关子，直接说原因。

张良答道："楚国灭亡在即，他们想趁机和大王讨价还价，为自己争取最大利益。韩信知道您封他为齐王只是迫于现实，不得已点头应允，所以还是有点不放心，韩信本是楚人，他想回家乡为王，大王何不许诺，只要打败项羽，就封他为楚王。至于彭越，梁地本是他打下的，大王碍于魏王豹面子，封他做国相，而今魏王豹已死，何不顺势封他做梁王？我相信只要大王满足了他们要求，他们会立刻引兵前来。"

刘邦听完张良分析后，大骂彭越、韩信言而无信，但骂归骂，现在可不是撕破脸皮的时候，还是立即派人传话给二人，答应打败项羽后，从陈县以东到海边之地，俱归韩信，睢阳以北至穀城，为彭越之地。

不出所料，韩信和彭越接到刘邦的许诺后，立刻前来增援。

汉高帝五年（公元前202年）十一月，刘邦堂兄刘贾渡过淮河，至寿春（在今安徽省寿县西南），策反了楚国大司马周殷。

周殷调动舒县（今安徽省庐江县西南）兵力，屠戮六县，鼓动九江士兵叛楚，迎接旧主英布，而后与刘贾会合。

汉军汇集齐、梁、九江等诸侯军后，兵力大增，仅齐王韩信就有三十万之众。反观楚军，虽说尚有十万之众，可士卒不断减员，粮草供应不济，使得士气普遍消沉低落。

此后日子，项羽发起数次反击，但已无法扭转大局，终于被汉军困于垓下（今安徽灵璧南沱河北岸）。

时值十二月，天气逐渐严寒。

为防止广武涧被项羽射伤之事重演，刘邦命韩信做前卫，孔将军（姓名不详）布兵在左，费将军（姓名不详）布兵在右，周勃、柴将军（姓名不详）殿后，将自己置于重重护卫之中。

汉军人数比楚军多数倍，但面对项羽这样的战神，想要一举击溃，也是很难。韩信率先对楚军发起了试探性进攻，结果被项羽击退，只得暂时后退。

为配合韩信作战，孔将军、费将军从两翼攻击楚军，韩信再次从正面发起反击，楚军难敌汉军三面攻势，只得退入壁垒。

重重包围之下，楚军粮尽人乏，军心涣散，士气不振，四下一片唉声叹气。项羽在爱妾虞姬陪伴下，坐在中军大帐，饮酒消愁。

项羽正喝闷酒之时，忽然远处传来楚歌，起初还听不太清楚，渐渐地，歌声似从四面八方传来，歌声充满悲情，如怨如慕，诉不完游子思乡之情，唱不尽万家离别心声。

项羽以为是楚营将士离家久了，思乡心切，以歌解愁，可当他走出帐外时，却发现歌声从远处汉营传来。

彻骨的寒风，夹杂着零星飘落的雪花，落在楚军将士身上，楚歌起四方，征人心悲伤，几经离乱苦，何日归故乡。

将士们原地驻足侧耳倾听，慢慢地，触动心弦后，开始抽泣起来。

汉营怎么冒出这么多操楚音之人，难道楚地全境已被汉军占领？项羽心中乱了方寸，不由得胡思乱想。

直到此刻，项羽终于明白大势已去，无力回天，追昔抚今，江山、功业与英雄的业绩终将化为乌有，伴随清风流逝，现在他唯一割舍不下的还是心爱的虞姬，返回军帐内，看着楚楚动人的美人，执手语噎，一时无言以对，于是将万般愁绪化为一曲楚歌——

力拔山兮气盖世，

时不利兮骓不逝。

骓不逝兮可奈何，

虞兮虞兮奈若何！

项羽慷慨悲歌，周围之人都被感染，众人皆泪流满面，莫敢仰视。

项羽高歌，虞姬起舞，曲终人散时，美人自刎身亡，项羽想要阻拦，已是来不及了，只能灯下悲戚，眼睁睁看着虞姬香消玉殒。

拂晓之际，夜色尚浓，项羽集结八百精锐骑兵，跨上乌骓马，冲出壁垒，从南面成功突围出来。

天色大亮之时，刘邦才得知项羽逃遁，急令灌婴率五千骑兵追击。

乌骓马风驰电掣，骑士骑乘多为普通马匹，难以追上来，不少人走散了，等渡淮河时，项羽身边只剩下百十来人。

项羽只顾仓皇逃跑，抵达阴陵县（今安徽省定远县西北）时，不小心迷了路，向一个农夫问路，农夫认出项羽，故意往错的方向指路，让他沿左边道路跑。

项羽不明就里，一时来不及仔细分辨，催马跑狂奔。不料，在路尽头恰是一片大沼泽地，项羽来不及勒马，一头扎了进去，在沼泽淤泥中挣扎了好久，才得以脱困，爬上岸来。

为此误了不少时间，被汉军追上来。

项羽只好带领仅剩下的二十八名骑士，一路向东狂奔，抵达东城。汉军追兵越来越近，有好几千人。项羽一路逃亡，已人困马乏，不想再跑了，便回过头对贴身骑士们笑道："我起兵至今，征战已有八年，身经大小战斗不下七十余次，从未曾打过败仗，故而才霸有天下。谁承想，今日被困于此，看来上天有意亡我，而非我用兵出错。既然天意如此，何不痛快决一死战，我愿率诸公斩敌将之首级，砍倒汉军军旗，连胜三次，也好让你们明白，非我项籍不会打仗，实乃天要亡我！"

言毕，项羽率二十八骑士，立于一高岗之上。汉军见状，将他们围困在中央。项羽身陷重围，却毫无惧色，命手下骑士们分为四个小队，约定从四个方向杀出去，而后在山东面分三处会合。

部署完毕后，项羽冲众骑士们笑道："诸公且看，项籍为君等斩杀汉军一员大将！"说完催马执戟，呼啸而下，所到之处，汉军非死即伤，无不闻声倒地，余者闻风丧胆，纷纷避让，无人敢向前。

汉郎中骑杨喜试图靠近项羽，谁知项羽回过头来，怒目圆睁，冲他一声怒吼，吓得杨喜魂飞魄散，人马受惊，掉转马头就跑，狂奔几里地才停住脚。

项羽横冲直撞，约百十号汉军士卒皆死于他戟下，其中包括一名汉军都尉。等重新聚拢时，项羽清点人数，发现二十八人仅折损两人而已。

项羽傲然问众人说："诸公刚才看见了，觉得怎么样呀，我所言非虚吧！"

众骑士皆为项羽神勇所折服，在马上躬身致敬道："大王真乃神人也，一切正如大王所言！"

虽然暂时脱困，项羽不敢过多停留，率最后二十六骑一路南驰，打算东渡乌江（今安徽和县东北四十里乌江镇附近）。等赶到乌江浦时，乌江亭长早早在渡口泊船候着。

见项羽到来，亭长便催促说："江东虽然土地狭窄，但好赖方圆千里，民众虽寡，亦有数十万，足以称王一方了，请大王赶快上船，我帮您摆渡过江，汉军即使追上来，他们没船，一时半会儿也难以渡江。"

项羽本急于逃命，可听完亭长一席话后，却有些迟疑了。

自追随叔父项梁渡江以来，数年间率江东子弟纵横天下，救赵、灭秦、分封诸侯，是何等威风！然而如今却孤身一人，追随者不过二十余人，纵然平安渡江称王，后半生中，定会背负愧疚度过。

大丈夫在世，与其窝窝囊囊，苟延残喘，还不如光明磊落地去死。

这一刻项羽想通了，心中的一切执念也就放下了！遂对亭长笑道："既然天要亡我，我又何必渡江。想当年，我率江东子弟八千余人渡江西来，而今无一生还，就算父老怜悯不嫌弃，拥我为王，可我又有何脸面去见他们，就算他们不对我说什么，但我良心上能过得去吗，难道就不会惭愧吗?"

面对乌江滔滔东流，项羽沉吟片刻后，叹了口气，将手中乌骓马缰绳递给亭长，然后道："看得出来，您是个忠厚长者，是值得托付之人，这匹马伴我五年，战场上所向无敌，曾日驰千里，实不忍心杀它，还是将它送给你吧。"

见项羽态度坚定，乌江亭长无奈之下，只好牵着马上了船，渡江而去。

不多时，汉军至，项羽招呼众人下马，与敌人近身肉搏，数百汉军士兵死于他剑下。

在混战中，项羽也浑身是伤，创伤不下十余处。

汉军虽将项羽层层包围，但慑于他神威，无人敢上前。项羽在人群中看到了一张似曾相识的面孔——骑司马吕马童，便笑道："你也算是我的故人吧！"

吕马童认识项羽，不敢正眼对视，回头对郎中骑王翳说："这就是项王。"

项王慨然对吕马童说："听闻汉用千金、万户封邑，购我人头，今天我就给你送份人情吧！"说完拔剑自刎而死。

眼看项羽已死，汉军将士们犹如豺狼般扑向项羽尸体，极力撕扯，在争夺过程中，众人相互踩踏，大打出手，还发生了火拼，死了数十人，而后肢解了项羽尸体。

最后，王翳割了项羽脑袋，郎中骑杨喜、骑司马吕马童、郎中吕胜、杨武各抢得一节残肢。五人拿残肢去请功，刘邦还有点不信项羽就这样死了，五人便将尸体拼凑起来，才确认是项羽本人无疑。

心头大患已除，刘邦总算放下心来。欣喜之余，封吕马童为中水侯，封王翳为杜衍侯，封杨喜为赤泉侯，封杨武为吴防侯，封吕胜为涅阳侯。

项羽死后，楚地很快悉数平定。项羽生前，曾被楚怀王封为鲁公，得知项羽兵败身亡后，唯有鲁县（今山东曲阜市东北二里古城村）拒绝投降。

刘邦被激怒了，我已征服整个天下，小小一隅之城竟敢与我作对，当下点集人马，赶赴鲁县，打算破城后，立刻屠城，狠狠教训一下这帮不知天高地厚的家伙。

汉军抵达鲁县时，眼前情景却让刘邦有点疑惑。

鲁县上下丝毫看不出大战在即的紧张气息，反而，从城内不时地传来弦乐和诵读诗书之声。

自春秋以降，数百年来，鲁县深受诗书浸染，礼乐之风遍布朝野。刘邦素来瞧不起儒生，但当他面对这样一座城市时，或许受到文明力量的感染，本来气势汹汹的刘邦有些迟疑了。

鲁县父老忠于自己的君主，有什么错！况且自己马上将要成为整个天下的王，也需要海内百姓忠诚和顺从，是时候表现出王者的宽容大度了。于是，刘邦取消了攻城命令，派人向鲁县父老展示项羽头颅。鲁人确信项羽已死，再为他守节，没任何意义了，只好开城投降。

随后，刘邦依照鲁公礼遇，给项羽举行隆重葬礼，下葬之时，刘邦亲到灵前致祭。葬礼仪式上，刘邦哀伤不已，追念往事，泪流不止。

刘邦流泪有表演的需要，但也不完全是。

项羽为人残暴，但也耿直、率性，纵横天下，所向无敌，仅三年时光，就灭了大秦帝国，哪怕他是自己的敌人，刘邦也不得不承认，项羽是个顶天立地的大丈夫、举世无双的大英雄！

刘邦是个流氓无赖，但同时他身上也有侠义率直的一面。

英雄的凋零，总难免让人伤感，这无关政治立场。以前，刘邦欲对项羽置之死地而后快，如今斯人远去，内心却又莫名怅然、失落，没了对手的孤独，只有他自己才能体会到。

没有了英雄的时代，注定是流氓无赖横行的世界。

属于贵族的年代黯然落幕了，一个崭新时代来临了。

刘邦没株连项羽尚在世的族人，其中，项羽的叔叔项伯，因为一直为汉营暗中通风报信，因而，封项伯等四人为列侯，赐姓为刘。

项羽死了，刘邦开始担心那些手握重兵的诸侯们，尤其是韩信，有勇有谋，始终让他放心不下，刘邦决定再赌一把，就像当初北上赵国夺韩信军权一样，行至定陶县时，他突然冲入齐王军营壁垒，接管了韩信军队。

而后，刘邦又派卢绾、刘贾俘虏了临江王共尉（共敖之子），至此，项羽分封的十八位诸侯，或灭或降，天下再次统一。

楚汉战争中，韩信和彭越出力最多，一个正面作战，一个敌后配合，可谓战功赫赫，功勋卓著。

汉高帝五年（公元前202年）春正月，刘邦改封齐王韩信为楚王，建都下邳，下辖淮河以北之地，彭越被封为梁王，建都定陶，下辖原魏国故地。

随后，楚王韩信、韩王信、淮南王英布、梁王彭越、原衡山王吴芮、赵王张敖（张耳之子）、燕王臧荼联名上书劝进，请刘邦即位称帝。

汉高帝五年（公元前202年）春二月初三，刘邦即位于汜水以北的济阴，是为汉高帝。

高帝即位同日，立王后吕雉为皇后，王太子刘盈为皇太子。

一个崭新的王朝——大汉王朝，就此诞生。

第十章

皇帝的新烦恼

战友、乡党和功劳簿

刘邦称帝这一年，已是五十四岁。

即位后不久，他在洛阳南宫宴请群臣，酒席间问道："今天我向大家请教一个问题，朕为何最终夺得了天下，而项羽却失掉了江山？大家不要拘束，尽管畅所欲言！"

群臣不知皇帝有何用意，一时间相互张望，谁也不敢贸然接话茬。

王陵是个直性子，没想太多，回答说："陛下厚待功臣，凡是在战场上攻城略地、开疆拓土之人，从不吝啬赏赐，总是按功劳大小，赐予土地钱财，愿与大家共享好处。项羽为人刚愎自用，不肯重用人才，自取败亡也是情理之中。"

刘邦一听，哈哈笑道："你只知其一，不知其二，运筹帷幄，决胜千里之外，我不如张良；安抚百姓，做后勤供应，我不及萧何；统率百万大军，战无不胜、攻无不克，我不如韩信。我能做到用人不疑，这才是我得天下的根本原因。再看看项羽，就连对一个范增都做不到完全信任，最终弃之不用，此乃我战胜项羽之主要原因。"

刘邦的高明就在于他明白自己的位置，从来不与臣下就具体事务争长短、论高低，只管做好战略方向的把控，在关键时刻，有魄力、有担当，敢拍板。反观项羽，每逢作战冲锋在前，纵然神勇无敌，然而对整个大局，并无大用，而在至关重要的战略抉择之时，比如在鸿门宴，他却瞻前顾后，犹豫不决，错过了战略机遇。因此可以说，刘邦的胜利绝非仅仅靠侥幸和偶然，而是历史的必然选择。

群臣听完刘邦一番解释后，无不心悦诚服。

跟刘邦从沛县一起出来的弟兄们，与他出生入死，君臣间无拘无束惯了，甚至有些人发酒疯，拔刀砍大殿柱子。

刚开始，刘邦尚能容忍，时间一久，感到很扫兴，但也不好发火，为此很烦心。有个叫作叔孙通的待诏博士，发现刘邦难处后，主动提出为朝廷制定礼仪。

叔孙通，薛县人，在秦朝时就是博士，只因秦二世倒行逆施，他主动辞官，回到故乡隐居起来。后来，他投奔项梁叔侄。刘邦攻占彭城时，叔孙通降汉。

叔孙通初见刘邦时，峨冠博带，一身儒生装束。刘邦生平最讨厌儒生，没给他好脸色。叔孙通再次求见时，换上楚人短袄，刘邦颇高兴，就让他留在身边。

刘邦称帝时，登基大典仪式由叔孙通负责。刘邦讨厌繁缛礼节，举行了一些简单礼仪就结束了。

事后，叔孙通被任命为博士，封稷嗣君。

如今，看到皇帝被手下这帮无法无天的臣子搞得头疼不已，叔孙通知道自己机会来了，便向刘邦提出为朝廷制定礼仪规范，以后无论朝会，还是宴饮，朝臣们都须按照礼仪来。

刘邦一听，那行，但一定要简单易懂，让人一看就明白。

制定王朝典章礼仪，是项大工程，单靠一人之力不行。叔孙通决定走一趟鲁地，招揽人才，先后召集了三十余人。

返回洛阳后，他立刻着手礼仪培训工作。经过一个月坚持不懈的练习，大家基本都能做到行礼如仪，刘邦很满意，下令群臣都去跟着叔孙通学习礼仪。

经过叔孙通一番教导，朝堂上风气为之一变，再无人敢大肆喧哗，酒后闹事之类的也没再出现过，刘邦此时方才体会了一把做皇帝的尊贵。

相对于朝廷礼仪这些务虚之事，刘邦并未太放心上，而其心头有一桩隐患，却时时让他感觉坐卧不安，那就是齐王田横。

韩信灭齐之后，田横曾暂时栖居彭越处，待刘邦灭项羽，天下尽皆归于汉，田横带了约五百名追随者，逃到一座海岛上，打算在荒岛上度尽余生。

但刘邦还是有些不放心，派人到海上去召田横，称只要他去洛阳，以前所有恩怨都可以一笔勾销，不过，被田横婉拒了。

刘邦不肯罢休，再次派使者带上皇帝符节赴海岛，传话给田横："如果主动来京城，往大可以封王，至少可封侯，但若依然推诿不来，就等着朝廷大军前来围剿！"

田横如今困守海岛，单凭区区五百人负隅顽抗，无疑是以卵击石。经过一番心理斗争后，答应汉使，愿意赶赴洛阳。

等车辆行至距离洛阳三十里外的尸乡（在今河南偃师市西），田横对使者说："人臣朝觐天子，礼节上不能有丝毫怠慢，请容许我先沐浴一番，然后再上路。"使者答应了。

田横利用这个机会，将两位门客召集到身边，交代完后事，就自杀了。

刘邦得知田横已死，心头既有些失落和惋惜，又平添了几分敬意，不由得流下泪来，命人将其按诸侯规格安葬了。

谁料田横葬礼结束后，两位门客也自刎而死，追随田横去了。

刘邦听说后，非常吃惊，没想到田横竟如此深得人心，觉得田横留在海岛上的五百旧部也是隐患，便下令紧急召他们入京。

这些人抵达洛阳郊外，在田横墓地祭奠完毕后，悉数慨然自杀。

宁愿为了自由和尊严去死，也不愿向强权低头，田横五百士精神，千百年来一直激励和感动着后人，为了心中的理想，绝不妥协和退让，哪怕为之献出生命，也在所不惜。

接下来，刘邦开始考虑新兴大汉帝国的都城选址。他曾想定都关中，但由于项羽火烧咸阳，便改了主意，倾向于定都洛阳。朝堂上，群臣们也是各持己见，众说纷纭。

此时，一个名叫娄敬的戍卒求见，称有要事对皇帝讲。

估计当时恰好刘邦心情不错，也就答应下来。一见面，娄敬就问道："听说陛下要定都洛阳，这是打算要模仿走周朝的路，想和周朝一样兴隆吗？"

为了定都问题，刘邦正在头疼，群臣各执一词，让他难下结论。便回答说："是啊，你有何高见啊？"

娄敬说："臣以为定都洛阳不可取！"

"为何？"

娄敬道："相比洛阳，秦地有山河之险，依山濒河，易守难攻，且关中沃野千里，天府之国，陛下若定都关中，就算万一关东地区发生叛乱，只要牢牢掌握函谷关，依然可以进退自如，犹如将天下脖子捏在手中，从后背就可以进攻了，定都关中后，陛下完全可以高枕无忧了。"

刘邦听完，觉得言之有理，就询问群臣意见。

大臣们多是关东之人，多数人还是坚持定都洛阳，唯有张良赞同定都关中，刘邦当即下定决心，定都长安。

娄敬因建言有功，刘邦任命他为郎中，封奉春君，并赐姓刘。由此，娄敬成了刘敬。

刘邦至关中后没多久，当年七月，燕王臧荼反了。

大汉建立之初，为了安抚异姓功臣，裂土封王者共有七人，分别是赵王张耳、长沙王吴芮、梁王彭越、淮南王英布、燕王臧荼、韩王信、楚王韩信。

这几位异姓王，情况各自不同。长沙王吴芮实力弱小，年仅四十就英年早逝，其子吴臣袭位，根本不足为虑。赵王张耳亦早死，其子张敖继位，张敖年轻且胆小怕事，难成气候。韩王信能力平平，无法与朝廷抗衡。

刘邦最为担心的是楚王韩信、梁王彭越和淮南王英布，这三人身经百战，手下兵多将广，且拥有独立的王国，实力不可小觑。

令人感到意外的是，首先挑头造反的竟然是燕王臧荼。

当年巨鹿之战时，臧荼率领燕军助阵，后又追随项羽入关灭秦，由此，项羽封他为燕王。

韩信渡河北上灭赵、魏、代后，臧荼一看形势不妙，只好降汉。

臧荼能保住封地不变，一方面是燕国偏远，且北靠匈奴，不宜轻动，另一方面也是为了稳住大局。

臧荼平日战战兢兢，唯恐惹火上身。

刘邦即位之初，追查昔日项羽的追随者，让臧荼愈加坐卧不安。毕竟，他是诸侯中唯一追随项羽多年之人，不由得担心刘邦要对自己下手，于是扯旗造反了。

臧荼谋反消息传来后，刘邦勃然大怒，决定亲自带兵出征。

平叛战争进行得很顺利，燕王臧荼被处死。臧荼儿子臧衍却得以逃脱，逃往匈奴。

灭臧荼之后，刘邦任命自己发小卢绾为燕王。群臣中，论功劳比卢绾大的，大有人在，可论与皇帝的情谊，怕没人比得上。因此，卢绾出任燕王，没有人敢非议。

刘邦得天下，主要靠萧何、张良、韩信，后世称他们为"汉初三杰"。

刘邦称帝之初，论功行赏，群臣中不少人都认为自己功劳最大，为此争论不休，但最终册封结果公布出来后，排在首位的竟然是萧何，封酂侯，食邑八千户。

众人都感到愤愤不平，他萧何有什么功劳，整日安居后方，舞文弄墨，动动嘴皮而已。我们可是冒着枪林箭雨，拎着脑袋往前冲，陛下如此封赏，我们不服气！

刘邦说："打猎得靠猎狗，但猎狗绳子却操持在猎人的手里，猎狗们能捕获猎物，是靠猎人调度指挥，而你们的作用，就跟猎狗差不多，至于萧何，则相当于猎人，现在你们该明白与萧何之间的差距了吧！"

一时间，众人哑口无言了。

至于张良，刘邦让他在齐地任意挑选三万户作为自己封地，却被张良当场谢绝了，刘邦不再勉强，封他为留侯。

自古帝王，无不视天下为个人私产，为了将江山顺利传至子孙万世，对所有潜在威胁，必须铲除殆尽。对皇权最容易构成威胁的，便是那些曾经并肩作战的战友。

这些人大多功勋卓著，有的甚至功劳大到赏无可赏的地步，那怎么办？一劳永逸的办法就是斩草除根，因为只有死人才不会构成威胁！

从古到今，历朝历代，开国功臣最终能得以善终者，寥寥无几。

张良一直体弱多病，无法亲上战场征战杀伐，唯有躲在帷幕之后出谋划策。

刘邦所有的重大决策，背后几乎都有张良的影子，而且几乎可以做到算无遗策。

张良的聪明就在于他懂得君臣之间的微妙分寸。刘邦重返关中之后，他就闭门不出，专心在家修道，练习辟谷之术，自此不闻世俗之事，最终得以善终。

对张良，刘邦多少有些敬重，对萧何，就有点忌惮了。

萧何政务能力强，为人谨慎，没有不良嗜好，但越是这种无可挑剔的臣子，越是让人放心不下。

刘邦已决定定都关中，但栎阳狭小，又地处关中偏东，所以，刘邦命萧何规划兴建一座新都城。

萧何在咸阳附近渭河南岸的原秦兴乐宫旧址上建设一座宫室，取名长乐宫。再后来，他又主持修建未央宫，后世又历经数十年扩建，城市规模日渐壮大，形成了汉长安城。

汉初三杰中的张良居家修道，萧何忙着兴建长安，而另外一位韩信，楚汉战争结束后，就到封地做楚王去了。

回到故乡淮阴后，他找到对他有一饭之恩的那位洗衣服老太太，厚赠千金，又给蹭过饭的南昌亭亭长赏赐百钱。

而后，韩信召见让他蒙受胯下之辱的屠夫少年，屠夫得知新来的楚王为韩信时，吓得半死，但没想到，韩信非但没有杀他，反而任命他为中尉，并笑道："这位壮士当年当众羞辱我，那时候，我真没有勇气杀掉他吗？不是，只是那样做毫无意义，我之所以忍受当日的羞辱，就是为了成就今天的功业！所以说，是他成就了我。"

恩也报了，怨也了了，心头的巨石消除了，现在该过几日舒适生活了。然而，还没过几天，项羽的老部下钟离昧找上门来，平静日子注定与韩信无缘了。

韩信在楚营时，与钟离昧关系不错。项羽死后，钟离昧整日东躲西藏，正走投无路，听说韩信被封为楚王，便找来投靠他。

钟离昧威名显赫，知名度太高，所以，韩信刚收留了他，就被人发现，告到刘邦那里，揭发楚王韩信勾结项羽旧部，暗中计划谋反。

时在汉高帝六年（公元前201年），冬十月。

消息传开后，朝堂上群情激奋，众将领纷纷请求发兵征讨，活捉韩信。

刘邦忌惮韩信已久，只是苦于没有正当理由治罪，而现在机会送上门了，他却一言不发。

陈平在旁看出来了，皇帝是在为难。

刘邦心里明白，别看将军们嘴上义正词严，叫嚷得很凶，但真要去攻打韩信，曹参、樊哙、灌婴等人，都不是韩信的对手。所以没有人轻易表态，因为一旦开战，朝廷必须得赢，否则后果不堪设想。

韩信出汉中以来，一路灭三秦，转战河北，灭魏、代、赵三国，迫降燕国，消灭齐国，垓下一战，歼灭项羽最后的主力部队。毫不夸张地说，大汉三分之二的江山是韩信打下的。

韩信手下将士，都是身经百战的精锐之师，朝廷军队根本没法跟他比。

更令刘邦忧虑的是，若与韩信开战，梁王彭越、淮南王英布的态度会怎样？他们原本就与他不同心，假若二人也趁机反叛，又当如何？

陈平看着一脸为难的刘邦，郑重说道："如今，无论士兵，还是将领，朝廷都远不是韩信对手，朝堂上却喊着要与楚国开战，这实在很危险啊！韩信或许还踌躇未定，假使消息传开，等于逼他造反哪！"

刘邦很无奈地问道："事已至此，又该如何呢？"

陈平很自信地说："对韩信只可智取，不能力敌，陛下可对外宣称，要仿照古代天子巡游云梦泽，传召诸侯们，到楚地边境的陈县会合。韩信见陛下出巡，必然会放松警惕，只身前来，届时只要一名大力士即可擒拿他。"

刘邦觉得此办法可行，便依计而行，传令诸侯们会集陈县。

韩信隐约觉得皇帝此次巡游，怕是冲着自己来的，一时不知如何是好。可转念一想，自己又没有什么把柄落到皇帝手中，想必刘邦不至于轻易下手。

韩信正患得患失之时，有人建议他，为打消皇帝疑心，不妨杀了钟离昧，如此皇帝也没理由追究您。

韩信听后，去找钟离昧。钟离昧见韩信上门，明白怎么回事了，便指着他骂道："你以为只要杀了我，借我头颅，就会换来平安吗？大错特错！汉王为何迟迟不敢发兵攻楚？是因为我在你这里，忌惮你我合力，没想到你却先打起我主意了，也罢，你只管拎着我脑袋去领赏，但我告诉你，只要我前脚死，下一个就轮到你了！"

说完，钟离昧就拔剑自刎了。

韩信有些后悔了，但为时已晚，只好带上钟离眜首级，前往陈县朝觐刘邦。

韩信一进汉营，就被武士拿下，给他戴上刑具，投入随行车辆。

韩信才恍然大悟，懊恼后悔不已，觉得太冤屈，便赌气道："古人说'兔死狗烹，鸟尽弓藏，敌亡臣死'，果然没错，现在天下平定，用不到我了，我是时候该死了！"

刘邦也不想多费唇舌，将韩信带回了洛阳。

论兵、赏功和借刀杀人

如何处置韩信，刘邦颇费了一番心思，毕竟并没有确凿证据能证明韩信要谋反，无凭无据乱杀功臣，必会招来天下人非议，说不定其他诸侯王兔死狐悲，也被逼造反。

刘邦思前想后，决定采取折中办法，废黜韩信楚王封号，降为淮阴侯，让他留在京城，置于眼皮底下，不许他再返回封地。

经此剧变，曾经意气风发的韩信，变得心灰意冷，整日把自己关在家中，对外称病，不与朝臣交往，但他目空一切的毛病，依然改不了。

有一次，刘邦和韩信闲聊，刘邦装作漫不经心地问道："依你看，我能指挥多少兵马？"

若是韩信识相一些，趁机吹捧歌颂一番，或许能缓和一下与刘邦的关系，可惜的是，韩信是个军事天才，但政治情商严重低能，他回答道："陛下带兵不过十万。"

刘邦有些不悦，但脸上不露声色："那么，你能带多少人马？"

韩信傲然道："至于臣下嘛，自然越多越好了。"

刘邦听后很不痛快，便语含讥讽地笑道："你既然领兵越多越好，却为何被我捉住了？"

韩信政治嗅觉再差，此时也明白了，马上改口说："陛下虽不擅带兵，但却善于驾驭众将，况且陛下有上天赋予的才华，岂是凡夫俗子能相提并论的。"

虽说韩信服软了，但已无法挽回了。

刘邦哈哈一笑，但实际已生杀机。

然而，韩信依旧没有从中吸取教训，收敛一下恃才傲物的性子。

人在官场，须多交朋友，少树敌人才对。但韩信驴死不倒架，放不下诸侯王架子，不屑于与周勃、灌婴等人为伍，此等做法等于自外于同僚，选择自我孤立。

有一次，韩信估计闷得慌，去樊哙府上串门。

樊哙为人比较憨直，又钦佩韩信军事才华，韩信突然造访，让他倍感意外，赶紧亲自到门口迎接，一见面就下跪，行君臣之礼，说："没想到大王能屈驾光临寒舍，实在不胜荣幸之至。"

樊哙与刘邦是连襟，两人多年患难与共，他们之间情谊深厚，非一般大臣能比。韩信本该抓紧时机，和樊哙套近乎才对，可他坦然接受樊哙跪拜大礼不说，临了出门时，回头看了一眼门口跪送的樊哙，还不忘自嘲一番："没想到啊，我韩信竟然沦落到与樊哙这号人为伍了。"说完头也不回，径自扬长而去。

樊哙也是战功赫赫之人，一片盛情，却遭到韩信如此奚落，试问，当时他作何感想？

韩信在自我作死的道路上，已经越走越远了，出事只是早晚而已。

刘邦认为异姓王终究靠不住，要想江山坐得稳，还要靠自家人。

韩信被徙为楚王后，齐王空缺，如今韩信再被贬为淮阴侯，楚国亦无王了。刘邦嫡长子刘盈已册为太子，其余诸子都还小，唯有与曹氏私生的庶长子刘肥年龄稍长，便立为齐王。又将楚国分为荆国和楚国，封族兄刘贾为荆王、异母弟刘交为楚王、二哥刘喜（即刘仲）为代王。

经过这番分封，天下大多半都已攥在刘家人手中了。

刘邦给自家人大肆裂土封王的做法，招来功臣们的不满，众人私下议论纷纷——打天下的时候，是我们提着脑袋往前冲，如今分享成果的时候，却为何没咱们的份！

幸好张良及时提醒刘邦："陛下白手起家，从一名平头百姓坐上皇帝宝座，全靠朝中这帮人舍生忘死帮您打下天下，现在您江山还未坐稳，就大肆封赏自己家人和亲信，他们觉得有功却没封赏，心里定有怨气，又怕因功被猜忌（暗指韩信之事），惹来杀身之祸，说不定真要谋反。"

刘邦顿时紧张起来，忙问张良该如何处置才好，要设法稳住人心才是。

张良建议他马上下诏，先给雍齿封侯，人心就会稳定下来。

雍齿当初害得刘邦无家可归，是刘邦最恨之人。

于是，刘邦宴请群臣，当场宣布封雍齿为什邡侯（封国在今四川什邡市），并命令丞相、御史等人抓紧时间，按照功劳大小草拟个封赏名单出来。

群臣一看，连雍齿都被封赏了，咱们还有啥好担心的，也就放下心来，局面总算稳住了。

首批一级功臣十八人，但谁为功臣之首，争议比较大，多数人认为，曹参应居第一。

沛县起兵以来，曹参一路攻城略地，立功无数，身上创伤不下七十余处，首席功臣，理所应当是他了。

此时，有名叫鄂千秋的谒者站出来说："曹将军功勋卓著，无人否认，但楚汉对峙五年间，汉军数次近乎全军覆灭，就算曹将军在战场上取得了一些胜利，但于全局又有多大用处呢？谁在陛下数次大败后提供了兵源？又是谁在粮草殆尽之际，帮助陛下渡过了危机？是萧何！陛下屡屡兵败后，全凭仰仗萧何才能东山再起，反败为胜，萧何之功关乎全局，建立的是万世之功，曹参之功不过是一时之功罢了！"

于是众人不再争议了。

但是，经过此番争论，刘邦看出来了，朝中挺萧派和挺曹派泾渭分明，萧何和曹参都留在朝堂上一起共事估计往后会麻烦不断。为了维系权力平衡，他决定，萧何留在朝廷为丞相，而曹参调出长安，前往齐国，任齐国相国。

功臣之争告一段落，但天下诸侯中，尚有不少异姓王，他们的存在，始终是刘邦的一块心病。

异姓王中燕王卢绾、赵王张敖（已是刘邦女婿）属于自己人，长沙王吴臣弱小不足为虑，淮南王英布、梁王彭越比较强势，况且刚拿下韩信，最好先不要刺激他们，所以只能向韩王信下手了。

韩王信辖地境内宛城、淮阳等多是军事要地，属于历来兵家必争之地，交在外人手中，实在难以放心。刘邦决定异地安置韩王信，将北方太原郡三十一个县，划为新韩国，建都晋阳，诏命韩王信即刻前往就国。

当然，对外理由说得冠冕堂皇，刘邦宣称如今天下未稳，四方多事，像防备北方胡人的重任，必须由韩王信这样雄才大略的诸侯王扛起来。

可全天下谁人不知韩王信虽然与韩信同名同姓，但才华相差万里，韩王信不过是一介平庸之人，送他到北部边境，分明就是借刀杀人！

韩王信不傻，但明白也不能说破，造反他没勇气，只好摆出一副高高兴兴为国戍边的姿态，他主动要求将国都迁到边境附近的马邑（在今山西朔州市东北三十三里马邑村），这样更好监督敌人，保持大汉边境的安宁。

刘邦一听，自然求之不得，马上批准。

韩王信心里有苦说不出，只能收拾行囊出发，一路北上，走走停停，等抵达马邑时，已是深秋。

马邑原属于赵国，战国时，赵国大将赵括曾在此筑城养马，故得名马邑。它建在一座小山包上，周围地势险峻，不远处还有一条涧溪，可谓易守难攻。

秦朝大将蒙恬北上驱逐匈奴，修筑万里长城，北部边疆迎来了短暂的安宁。然而，大秦灭亡后，刘项争夺天下，中原烽火连天，无暇顾及北疆。

刘邦徙韩王信到北部边境，固然有权力斗争的原因，但也是为了维护新兴大汉的边境安宁。

韩王信大半辈子都在中原，对北方匈奴人一无所知。他不知道，将要面对的敌人，远比以前的对手更加狡猾、残忍和剽悍。

在长城以北的辽阔大漠草原，自古以来，就生活着许多游牧民族。与居住在城郭村落的中原农耕民族不同，他们在大漠草原上逐水草而居，生活飘忽不定，犹如天上的白云，时而聚居，时而分散。严酷的自然环境，造就了他们坚韧不拔的性格。

到战国时代，一支强大的游牧民族兴起于今天内蒙古阴山至河套地区，逐渐进入中原人视野，被称作匈奴。

关于匈奴的起源，《史记索隐》引张晏之说，称夏朝末代之王履癸（即夏桀）有一子叫作淳维，国破家亡后远遁大漠，其后裔逐渐演变成匈奴，但其可信度，就不得而知了。

匈奴君主被称作撑犁孤涂单于，意思是天命之子，与中原尊君王为天子类似，撑犁孤涂单于简称为单于，单于姓挛鞮氏，现在的单于名叫冒顿。

由于匈奴没有文字，所以关于它的自身历史，近乎空白，而单于世系，也只能追溯到冒顿父亲头曼。

头曼在位时，被始皇帝派大秦三十万劲旅驱逐出水草丰茂的河套地区，将大秦的边境推移到草原边缘，头曼只得率众远遁大漠。

当时的匈奴，南有强秦，东有东胡，西有月氏，都比较强盛，夹在中间喘息，日子过得很艰难。

而头曼年纪大了，早无雄心壮志，只想得过且过，安度晚年。但当时还是太子的冒顿野心勃勃，一心想振兴匈奴。

冒顿之母早死，头曼非常喜爱新阏氏（即王后）生的小儿子，想废掉冒顿，立幼子为太子，便命冒顿前往月氏做人质。

或许头曼觉得自己年岁已高，时日无多，想早点斩草除根，冒顿到达月氏不过几日，头曼便率领大军攻打月氏。

月氏没想到匈奴人如此背信弃义，一怒之下，想杀了冒顿。

幸好冒顿提前得知消息，抢了一匹快马，独自一人跑回了匈奴。

儿子从月氏安然无恙归来，头曼也只好撤兵。或许心中有愧，头曼宣称，冒顿能够千里迢迢脱离虎口，不愧是匈奴勇士，特调拨一万骑兵供其调遣。

父子二人表面上和好如初，冒顿也若无其事，似乎什么事都没发生一般，但暗中加紧训练私人武装。

他发明了一种响箭，射出时会发出呼哨声，称其为鸣镝。

冒顿传下话来，大军行动以鸣镝为号令，我射向哪里，你们也必须射向哪里，敢有不遵者，定斩不赦。

起初，冒顿率领部下去射猎，将鸣镝射向鸟兽，发现有跟不上步调者，立刻斩首。经过一段时间演习，部下们基本能做到整齐划一。

为了检验成果，冒顿有一次将鸣镝射向自己的宝马，将士中有人没敢张弓，冒顿当即下令，统统杀头。

又过了一阵，冒顿又用鸣镝瞄准了爱妻，部下中有人心中犯嘀咕，宝马虽贵，毕竟是畜生。但不敢相信，冒顿会将自己妻子做靶子，便没有拉弓。这些人无一例外，也全被处死。

再后来，冒顿又对着自己爱马射出鸣镝时，将士们毫不犹豫地射出了箭矢。经过一段时间的蛰伏和磨砺，冒顿这只草原狼觉得是时候亮出獠牙了。

不过，头曼仍然被蒙在鼓中，还是跟往常一样，时常带领阏氏、小儿子及群臣外出狩猎。

有一次，正狩猎时，一支清脆的鸣镝划过天空，头曼尚未明白怎么回事，就被射成了刺猬。

冒顿下令，处死后母、幼弟及不服从的群臣，然后，当众宣布自立为匈奴新单于。

这一年，为秦二世元年（公元前 209 年）。

就在这一年，陈胜、吴广揭竿起义，大秦走向崩溃，而在北方草原上，匈奴在冒顿带领下，逐渐结束了分裂，建立起强大的游牧帝国。

自信、失败和白登山的雪

冒顿统一草原之路并非一帆风顺，他先要面对强盛东胡的挑战。

东胡活跃在辽河流域和滦河中上游地区，大致在今天辽宁、吉林、内蒙古自治区东部等地区，因在匈奴之东，被称作东胡。

东胡人生产以畜牧为主，兼狩猎生活，作战骁勇，仗着强大的军力，东胡时常南下滋扰劫掠燕赵一带，也不把匈奴放在眼里。

冒顿经过数年韬光养晦，最终一战而灭东胡，无数东胡百姓连同他们的牲畜都成了冒顿的战利品。消除了东部敌人后，冒顿趁势向西攻击月氏，迫使月氏人西迁。

紧接着，冒顿率领匈奴大军南下河套，一举收复了当年蒙恬从匈奴手中夺取的土地，攻占了汉朝北疆要塞朝那县（治今宁夏彭阳县古城乡）、肤施县（治今陕西榆林市东南），并不时侵扰燕国和代国。

至此，冒顿基本统一了大漠，建立了匈奴历史上最强大的草原帝国，其疆域横跨大漠南北，东至大海，西至西域，麾下控弦之士达三十余万。

匈奴骑兵无论机动性，还是战斗力，远远胜过以步兵为主的汉军。

然而，韩王信直到前往马邑前夕，对北方邻居的了解，依然近乎一片空白。他抵达马邑城不久，匈奴人突然不知从哪里冒出来，将小小马邑围了个水泄不通。

韩王信只好先派使者前往匈奴大营周旋，为援军到来争取时间。

可消息传到长安后，朝廷中一些人不相信世上竟有如此巧的事，怀疑韩王信私下与匈奴勾结，迎匈奴南下。

刘邦也一样，严重怀疑韩王信，听匈奴围困马邑，心想你前脚刚到，匈奴人后脚就来，谁知道其中有没有猫腻，第一时间没有派人了解敌情，反而派使者斥责韩王信。

韩王信失去了中原封地，被撵到北方苦寒之地，本就够倒霉了，现在外有敌军围困，内有朝廷猜忌，感到走投无路了。当年九月，韩王信绝望之下，索性献马邑于匈奴，投降了。

冒顿于是率兵南下，翻越句注山（又名陉岭、西陉山、雁门山，位于今山西省代县西北），进攻太原郡，前锋抵达晋阳（太原郡治所，今山西太原市西南）城下。

韩王信降敌消息传到长安时，已是高帝七年（公元前 200 年）冬十月，朝廷上下正忙着庆祝长乐宫落成。

听闻匈奴入侵，刘邦传令征发三十二万大军，北上抗击匈奴。

大军一路北上，天气越来越冷，很快，下起雨夹雪来，而且愈下愈大，汉军踩着泥泞不堪的道路艰难前行。

韩王信投降后，匈奴人让他的军队做前导，在前面带路。

毫无斗志的新降将士们抵达铜鞮（今山西省沁县一带）时，遇到汉军，一战就被击溃，大将王喜也被斩杀，韩王信见势不妙，一路狂奔，潜逃到匈奴境内去了。

不过，韩王信部下曼丘臣、王黄不甘心，重新聚拢残军败将，拥立原赵王后裔赵利为王，想联合匈奴人，与汉军再战。

刘邦击溃韩王信后，乘胜进军，入驻晋阳。

匈奴派遣左、右贤王率一万多骑兵与王黄所率残部集聚于广武（今山西代县西南），南下攻打晋阳，结果被汉军打败，狼狈逃窜至西河郡离石（今山西离石），又被汉军击败。

汉匈交战伊始，汉军缺乏与匈奴作战经验，不太了解敌人战力，所以作战比较谨慎，不敢大意轻敌。然而，几战下来，汉军连战连胜，觉得匈奴亦不过如此，渐生轻敌之意。

刘邦得知冒顿单于驻扎在距平城不远的代谷（在今山西代县西北）一带，决定亲自会会他。

开战前，刘邦先派人去侦察敌情。

斥候们通过反复侦察，发现匈奴士兵多老病，战马亦多羸弱，总体战斗力一般。

然而，刘邦还是不敢轻敌，专门派刘敬出使匈奴，探听虚实。

刘敬走后不久，刘邦率军越过句注山，向匈奴进发，在半路上，他碰上出使归来的刘敬。

刘敬说，斥候们的情报和他看到的差不多，匈奴人看上去真的似乎不堪一击。不过刘敬认为，这极有可能是匈奴为了迷惑和麻痹汉军刻意制造的假象，背后肯定暗藏着巨大阴谋，于是建议刘邦，在敌情不明情况下，先不要贸然开战。

事实正如刘敬判断，匈奴长于野战，短于城池攻防。匈奴攻打晋阳失败后，冒顿主动放弃攻城，选择战术撤退，想诱敌深入，围而歼之。

冒顿是个善于伪装的天才军事家，他通过伪装和欺骗，干掉了父亲头曼，消灭了东胡王，与汉军初战受挫后，当机立断，决定调整战术，藏匿精兵强将，故意派孱弱士兵迎战，战则一触即溃，以达到迷惑汉军之目的。

而刘邦在接连取胜后，已有些轻敌了，非但不听劝，反将刘敬大骂一顿后，下令囚禁起来，宣称等打败匈奴后，回来再收拾他。

晋北地区多山，道路崎岖，汉军虽有三十二万之众，但多以步兵为主。刘邦带领少数前锋骑兵，抵达平城县（治所在今山西大同市东北八里古城村）时，二十多万主力部队还在马邑、楼烦一带。

至平城后，刘邦驻扎在平城以北三十里处的白登山（距今山西大同市东北二十里处马铺山）。

天气越来越冷，北风卷着漫天大雪，下个不停，汉军普遍衣衫单薄，不少人冻坏了手指，已无力拉弓，士气普遍低落。

几日后，一天天色刚发白，汉军突然发现，匈奴人一夜之间将白登山围了个水泄不通，匈奴士兵所乘战马毛色，每个方向都齐一色，西面白马，东面青马，北面黑马，南面黄马，阵容甚是雄壮。

中原连绵战火，家底基本都打光了。汉军以步兵为主，也是被迫无奈的选择，因为根本无马可骑。刘邦称帝之时，天子车驾都没法凑齐七匹同色纯种之马，

目睹匈奴浩大阵仗后，刘邦意识到自己低估了敌人的实力，开始有点后怕了，悔不该轻率冒进，但为时已晚了。

冒顿得知诱敌深入得逞，汉军驻军白登山后，就率三十万大军杀来，并以迅雷不及掩耳之势，包围了白登山。

不过，冒顿并无意急着发动冲锋，而是采取围而不攻战略，想耗尽汉军锐气后，再战不迟。

因为打山地战，匈奴骑兵优势发挥不出来，冒顿已派人通知王黄及赵利赶来参战，他想利用降军步兵围歼汉军。

匈奴人穿皮裘，随身携带肉干奶酪，衣食无忧。但汉军远离后方，军需有限，难以维系长久。时间一长，无须匈奴动手，北国酷寒就会消磨掉汉军的战斗力。

刘邦自起兵以来，大小战斗不知经历了多少，九死一生、虎口脱险也是好几遭，但像目前这种境况却是头一次。

君臣上下苦苦煎熬，现在唯有盼望援军早日赶来。

然而，白登山与外界的联系已经被完全切断，等后方汉军得到消息，

徒步冒风雪赶来时，估计刘邦君臣已被冻死了。

粮草一点点消耗殆尽，刘邦一筹莫展、束手无策。此时，陈平提出，他愿去一趟匈奴大营，与匈奴人和谈。

进入匈奴军营后，陈平并未求见冒顿，而去拜见冒顿阏氏，献上金银珠宝等厚礼，然后说给大单于也带了一份厚礼，劳烦阏氏代为转交，说完献上一幅画卷。

阏氏展开一看，是一位艳丽无比的中原女子。

告辞前，他又再次拜托阏氏，一定要代替大汉天子，向大单于献上礼物。

陈平离开后，阏氏心中盘算着，汉使献上如此漂亮女子，假若匈奴打败汉军，还不知有多少美貌汉家女子送到单于身边，届时自己必然会被冷落起来。

阏氏越想越怕，为保住地位，绝不能让单于击败汉军，便挑了个时机对冒顿说："匈奴夺取汉地，又不能在此久居，对我们也没多大用处，况且大汉皇帝也有神灵保佑，不可以轻易欺侮，还望单于深思熟虑才行。"

听完阏氏一席话，冒顿有些动摇了，经过一夜反复思考后，决定放开对汉军包围圈的一角，剩下的就看天命了。

刘邦得知匈奴网开一面后，想趁大雾弥漫之际，快马加鞭逃离而去。

陈平马上反对，越危险越要镇定，切不可在强敌面前流露慌乱和怯意。匈奴人虽然自动开了口子，但真实用意尚不得而知，急吼吼就往外冲，万一被匈奴人趁机合围，必然死无葬身之地！

刘邦恍然大悟，叮嘱太仆夏侯婴，驶出匈奴包围圈时，驾车按辔缓缓而行，要显得从容不迫，切不可让敌人看出破绽。另外，为防匈奴人突袭，皇帝车驾四周护卫将士都手持劲弩，箭矢向外，随时做好战斗准备。

直到汉军全部撤出，匈奴人也没有发起攻击。刘邦总算有惊无险逃离了重围，而后，立刻下令全军快速撤退，与前来增援大军会师。

从被围到脱困，刘邦君臣在白登山上，整整待了七天。

雾气散尽后，冒顿下令匈奴大军撤退，只留下一片空旷原野。

汉匈之间数十万大军，对峙数日后，没有任何战斗，就结束了。

冒顿率倾国之兵南下，又费尽心思设下圈套，好不容易引刘邦入彀，却轻信妇人之言，放弃大好战机，听来实在不可思议。

冒顿为了权力，曾用自己两个女人做牺牲品，还杀了亲生父亲，岂会因为阏氏几句枕边风，就放过大好机遇？这实在不合常理。

白登之围能和平解决，绝非靠陈平行贿阏氏这么简单，在那七日之内，双方高层必然经历了一番折冲樽俎，只是真相究竟如何，已不得而知了。

估计陈平拿捏住了冒顿软肋，使他经过权衡利弊之后，不得不放弃对汉军的绝地击杀。

冒顿之所以放弃围攻白登山，极可能是他尚未下定决心与汉全面开战，只是韩王信突然投降，让他无意中卷入了汉朝中央与地方诸侯的斗争。

冒顿此次南侵，与以往匈奴劫掠边境行动相比，并没有多大区别，就是想趁着隆冬季节，抢劫一把就走，而非全面入侵中原、消灭新兴的大汉王朝，将刘邦困在白登山，只是一场意外试探的结局。

当完全包围了汉军后，冒顿才陷入真正两难，一口吃掉汉军，他自知没办法做到，想打消耗战，可对方能坚持多久，无法预知。他最担心的是，万一数十万大汉援军提前赶到，对匈奴里外夹击，他又将如何应对？

然而，冒顿最大危险还不在战场上，而是在大后方。

若匈奴与大汉僵持不下，难以短期内终结战争，难保草原上不会有人趁机作乱。匈奴尚未完全吸纳消化东胡等新征服部族，要是他们被煽动起来，恐怕刚统一不久的草原，又将再度四分五裂。

除此之外，韩王信部将王黄、赵利等人在匈奴人围困白登山后，迟迟不见踪影，他们是真投降，还是诈降之后，仍暗中与汉军串通，冒顿心里没底。

白登之围以双方零接触而结束，结局并不圆满，双方都不算输，但经此之后，匈奴人对汉形成了战略威慑，直到七十年后汉武帝时，汉军对匈奴的怯战心理，才有所转变，不过那时刘邦坟头早已荒草离离了。

　　刘邦毛病不少，但他不是那种死要面子之人，敢于承认错误，逃离白登回到广武后，他立刻释放刘敬，在当场道歉后，封刘敬为建信侯，食两千户。随后，就接下来如何应付匈奴，再次征求刘敬的意见。

　　刘敬认为，想在短期内一劳永逸解决匈奴之患，是不可能的，对匈奴人讲仁义道德，是没有用的。想他们服你，就得彻底打败他们，可如今中原满目疮痍，将士们普遍厌战，实在不能打下去了，所以只有寄希望于冒顿子孙，具体办法就是和匈奴政治联姻，将皇帝和皇后所生的嫡公主嫁给冒顿，将来公主生下王子，即位为单于，外孙肯定不会与外公作对，如此汉匈可以免遭战火，和平共处，相安无事了。

　　为保住江山，刘邦没有啥舍不得的，他立即答应了刘敬的和亲提议，可是他和吕后只有一个女儿鲁元公主，吕后听说将女儿远嫁匈奴，日夜不停哭闹，死活不同意。

　　刘邦没办法，只好找了个宫女，冒充公主身份出嫁，派刘敬出使匈奴，与冒顿签订联姻盟约。至此，汉朝通过屈辱性的和亲政策，暂时换得了北部边境的安宁。

第十一章

生前身后事

兄弟、父亲和老部下的背叛

刘邦从北方返回长安时，丞相萧何主持的未央宫工程也接近竣工了。未央宫是在秦章台宫废墟基础上改建而来，位于长安西北部的龙首塬上，居高临下，气势雄伟，亭台楼阁，绵延数里，修建得非常奢华气派。

刘邦看后非常生气，觉得天下未定，萧何大兴土木实在不应该，将萧何狠狠臭骂了一顿，但骂归骂，没过几天，他还是高高兴兴地搬进了未央宫。

在北方边境，匈奴人依然不消停，刘邦撤离不久，他们就派兵攻打代国。代王是刘邦二哥刘喜，他本是个庄稼汉，哪里会行兵布阵，听说匈奴人来了，就吓得撒脚丫子跑了，一口气跑回洛阳才收住脚。

亏得刘邦事前安排樊哙留在代国，加上匈奴也不过是小部队滋扰，总算稳住了局面。

刘邦小时候，父亲刘太公常骂他不如二哥能干持家。虽说时过境迁，刘邦也做了皇帝，但对当年之事，依旧耿耿于怀。刘喜被匈奴人吓得半死，灰头土脸跑回来，刘邦也算出了一口气，毕竟是同胞兄弟，也没再追究他，只将他贬为合阳侯。不过，刘邦也没忘嘲弄下老父亲。

刘邦称帝后，尊刘太公为太上皇，然后在骊邑县（今陕西临潼县东北

237

十四里阴盘城），按照丰邑老家修建了一座新城，取名为新丰，把老家街坊邻居们全都迁过来。据说，新丰修得太逼真，各家鸡犬放开后，都能找到自家家门。

新丰建成后，刘太公常去串门，跟街坊们在一起拉家常叙旧，心情舒畅了许多。

在生活上，刘邦对老父亲体贴照顾，但心结依然在。

高帝九年（公元前198年）冬十月，时值岁首，淮南王英布、梁王彭越、赵王张敖、楚王刘交等诸侯王至长安朝贺。

刘邦在未央宫设宴款待诸侯及满朝文武大臣，席间酒喝多了，就有点膨胀了，借着酒兴，举杯对太公道："当年父亲总嫌弃儿子没出息，不能办置家业，不如二哥勤劳能吃苦，今天，请您看看，儿子我创下的家业，跟二哥比，到底谁的多？"

话音一落，逗得殿上诸侯及群臣哄堂大笑，齐声山呼万岁。

或许这次当众羞辱，给年迈的刘太公留下心理创伤，九个月后，他就去世了。

刘邦为老父亲举行了盛大葬礼，葬于万年邑。

葬礼期间，各地诸侯都来吊唁，唯独代国国相陈豨缺席，让刘邦大为光火。

当时代国王位空缺，国相署理国政，朕的父亲去世，你陈豨不赴京出席葬礼，就是在蔑视朕这个皇帝！

刘邦没想到的是，丧礼尚未结束，同年九月，陈豨造反了。

陈豨，宛朐（今山东曹县西北）人，曾追随刘邦入关，后参与平定燕王臧荼之乱，因功封阳夏侯。

陈豨是刘邦老部下，刘邦对他一直比较信任，却为何反了呢？

这还要从赵国国相周昌说起，正是他揭发了陈豨的反迹。

赵国本封给张耳，张耳死后，其子张敖继位。刘邦与张耳交厚，将女儿鲁元公主嫁给张敖。刘邦在白登之围后，返回长安途中，路过赵国。

赵王张敖知道老丈人脾气不好，早晚在床边小心翼翼伺候，可谓礼数很周到，态度很恭敬。

刘邦刚吃了败仗，心情不好，就拿张敖撒气，对他吆三喝四，张口就骂，话很难听，犹如使唤自家奴才一般。

张敖为人胆小谨慎，就算刘邦再凶，也忍气吞声，逆来顺受，但赵国国相贯高却看不下去了。

贯高跟张敖父亲张耳关系不错，亲眼看着张敖长大，君臣二人感情很好，看着张敖受辱，他实在受不了。

一气之下，贯高联络赵午等人，劝张敖一不做二不休，干脆除掉皇帝。

张敖胆小，吓得咬破了手指，死活不肯。

贯高、赵午便决定独自行动，刺杀刘邦。为免牵连张敖，没在邯郸下手，而是另待时机。

一年后（高帝八年），刘邦前往东垣县（属恒山郡，今河北石家庄市东北，后改为真定县）剿灭韩王信余党，途经赵国柏人县（今河北隆尧县西北）。

贯高暗中派人藏在厕所的夹墙中，准备行刺刘邦。

不料刘邦临时改变主意，没在柏人县留宿，贯高刺杀行动未遂，反被仇家得知后揭发。刘邦很生气，马上下令捉拿赵王张敖及贯高等赵国君臣。

吕后害怕女儿守寡，出面求情，张敖总算保住了性命，被降为宣平侯，贯高在狱中自杀身亡。

刘喜从代国逃回后，刘邦封戚夫人生的儿子刘如意为代王，现在赵王位空缺了，刘邦改封刘如意为赵王，因为赵国远比代国强。

刘邦宠爱戚夫人，也特别疼爱刘如意，觉得这位小儿子非常像自己，对他的疼爱，远胜其他诸子。

刘如意年方十岁，刘邦舍不得让他赴赵就国。封为赵王后，刘如意仍然留在长安，陪伴在刘邦身边。

戚夫人是刘邦兵败彭城，在逃跑的路上，经过定陶时遇到的。她貌美动人，能歌善舞，很懂得男人心思。所以，刘邦自有了她，再也舍不得离开。

人都是会变的。数年下来，当初心思单纯、楚楚可人的戚夫人变了，已有了政治野心。她知道，刘邦年纪大了，一身战争伤痛，迟早要先一步离她们母子而去，想要在险恶的宫廷斗争中活下去，就必须趁着皇帝在世之际，把自己儿子立为太子。

所以，她只要有机会就围着刘邦哭闹，希望皇帝早下结论，立刘如意为太子。只有儿子将来掌握了最高权力，母子二人才能确保安全无虞。

只是立太子，刘邦一人说了不算，须赢得群臣拥护才行。

刘邦多次试探群臣对废刘盈改立刘如意的反应，结果群臣都反对，特别是御史大夫周昌态度非常坚决，跟刘邦杠起来了。

周昌，与刘邦是同乡，为人耿直，又患有严重口吃，一激动，说话更磕巴。他结结巴巴说道："臣口不能言，但臣知……知道不能这样做，陛下要废太子，臣定……定不奉命！"

刘邦被他逗得哈哈大笑，但废立之事，也只好作罢。

周昌和刘邦争执时，吕后正躲在屏风后偷听。暗中听完周昌一番仗义执言后，感动得老泪纵横。周昌退出来后，吕后在殿外东廊下特意候着，抹着眼泪向周昌致谢说："今天要不是有你，我儿子太子之位几乎保不住了。"

刘邦想废太子，被周昌顶回去后，暂时不再提这一茬，但也不想周昌这头犟驴留在身边。为了耳根清闲，命他立刻出京，远赴邯郸担任赵国国相。只是他没想到，歪打正着，正是周昌揭发了陈豨谋反。

为抵抗匈奴，方便统一调度军队，朝廷授权陈豨统领代、赵两国边防部队，可陈豨仍然不满足，大肆招揽门客，笼络四方士人，颇有战国孟尝君派头。

有一次，陈豨带领门客去赵国邯郸，一路招摇过市，随行车辆多达千辆，手下门客竟然住满了邯郸官舍，这引起了周昌的警惕，他感到兹事重大，立即上书朝廷，如实反映情况。

刘邦立刻下令调查，发现陈豨门客中有多人涉嫌违法乱纪，不少事还扯到陈豨头上。

陈豨听闻皇帝要调查他，不由得慌了，于是联络已经叛汉的韩王信旧部王黄、曼丘臣等，于高帝十年（公元前197年）九月自称代王，发动叛乱。

刘邦统领大将樊哙、灌婴、夏侯婴、郦商、靳歙等，率三十万大军经邯郸北上平叛。另外，命周勃率一路大军经晋阳，赶赴马邑与曼丘臣的叛军作战。

得知陈豨叛乱后，张良也抱病随周勃北上。

韩信以生病为由，拒绝出征，梁王彭越也托病，只是派一支为数不多的人马来敷衍一下。

在北上邯郸途中，刘邦得知，陈豨营中有不少人是商人出身，商人好利，这就简单多了。他不惜重金，对他们加以收买，这些人见钱眼开，纷纷改投汉营，有效地分化削弱了陈豨。

刘邦听闻陈豨叛变后到处攻城，却忽略了邯郸这样的重镇，他由此断定陈豨鼠目寸光，缺乏战略远见，注定长久不了。

果不然，第二年，在汉军的猛攻之下，叛军节节败退，许多受陈豨蛊惑之人，本就首鼠两端，眼看形势不对，很快放弃追随叛军。陈豨本人虽然侥幸逃脱，不过几年后，终被樊哙斩杀。

而周勃、张良一路攻克晋阳后，在马邑大败韩王信，汉军将领柴武写信劝韩王信投降，遭到拒绝后，柴武将其斩杀。

刘邦征讨陈豨之际，人在长安的韩信也是坐立不安。

陈豨与韩信有过交集，在上任代国国相前，他私下曾去韩信府上道别。

韩信被冷落已久，陈豨来访，令他很感动，两人说了许多贴心话，只是有些话不便说，遂挽手到庭院漫步，趁四下无人低声道："我心中有些知心话不吐不快，不知当讲否？"

陈豨恭恭敬敬地回答："将军您对我还不了解吗？一切全凭您吩咐就是！"

韩信听后，便说："您此去代国，兼领代、赵两国之兵，肩负防御匈奴重任，要好好利用这次机会，有所作为。"

陈豨点头称是，韩信又给他打气说："您尽管放心好了，就算闹出点动静，也没啥大不了，要是有人举报您图谋造反，以陛下对您的信任，估计多半会置之不理，但若被多次检举，估计皇帝会亲自带兵前去征讨。届时，我在京城做内应，咱们里应外合，何愁大事不成！"

陈豨知道韩信用兵如神，听完韩信这番话，心中多了几分底气，后来，他果然反了。

刘邦离开京城后，韩信召集家臣，暗中做好布防准备，打算假传诏书释放罪犯和奴隶，进行武装后，捉拿吕后和太子，一举控制京城。

韩信不指望陈豨能够击败刘邦，唯愿他在战场上拖得久一些，让皇帝陷入战争，抽不出身来。

韩信相信，彭越、英布这些人，都非甘于久居人下，一旦长安风向有变，他们必然会蠢蠢欲动，起来响应。

只是，韩信困于京城，与外界信息不通，无法及时了解代、赵叛军战争进展，只有坐等陈豨送信来。

然而就在这时，发生了意外。

不知何故，一名家臣惹恼了韩信，韩信一怒之下，下令将他关起来，准备杀了。

家臣之弟情急之下，跑到宫中向吕后揭发韩信。

听闻韩信谋反，吕后大吃一惊，不过，她很快冷静下来，命相国萧何设法骗韩信入宫，然后除掉他。

萧何对韩信有知遇之恩，由他出马，相信韩信不会起疑心。

萧何为了自保，没办法推辞，赶到韩信府上，对韩信称：使者带来消息，皇帝已消灭叛军，陈豨已被处死，京城列侯及文武官员，都入宫向皇后和太子祝贺，将军您要是不去，恐怕说不过去吧！

韩信本还想托病不去，但经不住萧何再三劝说，只得答应下来。

韩信一入宫，就被武士扑倒在地，捆绑起来，被吕后下令带到长乐宫钟室处死。

刘邦平叛结束，返回长安时，才知韩信已死，他内心五味杂陈，很不是滋味。刘邦对韩信可谓又恨又爱，嫉恨他恃才傲物，又赏识他才华过人，正因如此，他一直犹豫不决，没对韩信下死手。

吕后知道刘邦心思，所以才抢在他返京之前，没经任何审讯，就处死了韩信。

后来刘邦又从陈豨部下口中得知，除韩信外，陈豨还曾与燕王卢绾勾勾搭搭。

卢绾是刘邦发小，一起上学读书，整日形影不离，刘邦年轻时候每次外出避祸，卢绾总陪伴左右。

沛县起兵后，卢绾与刘邦从来没分开过。就算刘邦做了皇帝，两人之间也从来不避讳，他可以自由进出刘邦内室，犹如家人一般。

与萧何、曹参、陈平、张良等人相比，卢绾才能很一般，也没有特别突出的功劳，不过，平定燕王臧荼之乱后，刘邦将燕国封给卢绾。卢绾能做燕王，完全靠与刘邦的私人交情。就算整个天下人背叛了，但卢绾不应该啊，刘邦实在想不通，也有点不相信。就算他有误解和不满，当面说清楚不就得了，何必要谋反？于是，刘邦派使者去召卢绾，但是卢绾称病不肯来长安。

刘邦不死心，又派辟阳侯审食其和御史大夫赵尧去燕国调查。

卢绾相信刘邦，但不信吕后。吕后参政意图越来越明显，趁皇帝不在京城，处死淮阴侯韩信，是帮助皇帝铲除政敌，还是为儿子的将来扫清障碍，怕只有她自己清楚。

审食其此人不简单，他和吕后关系很特殊。

吕后在被项羽扣押为人质的几年中，审食其一直陪伴在她身边，在生活上和精神上给予照顾，成了吕后的秘密情人。吕后能挺到最后，与审食其的支持有很大关系。两人在患难之际建立的这种感情，旁人是无法体会的，正因为如此，吕后封后以来，审食其是她身边最重要的亲信。

审食其的到来，卢绾很紧张，他搞不清到底是皇帝要整他，还是吕后要害他，思来想去，他干脆躲起来，以为拖上些时日，审食其和赵尧见不到人，也就知难而退，自动走人了。

见燕王都躲起来了，燕国官员也有样学样，也本着多一事不如少一事的原则，纷纷避而不见。

审食其不死心，在官方突破不了，就另辟蹊径，从民间调查。果然功夫不负有心人，他挖掘出一个关键性人物——张胜，一桩密谋也随即露出水面了。

原来，刘邦讨伐陈豨时，卢绾也派兵进入赵国，配合朝廷作战，同时为防止匈奴搅局，派张胜出使匈奴，打探匈奴动向。

就在张胜出使匈奴途中，意外遇到了前燕王臧荼之子臧衍。臧衍给张胜出主意说，若陈豨被消灭，接下来恐怕就轮到燕国了，从长远计，燕王应暂缓攻击陈豨，并与匈奴结好，往后就算汉廷对燕国下手，也有个外援。

张胜被臧衍说服了，临时改变主意，私下劝匈奴出兵，帮助陈豨反击燕军。

从匈奴回来后，张胜向卢绾如实汇报，卢绾听后也深以为然。

此后，卢绾让张胜作为密使，来往于燕国与匈奴之间，负责联络燕国与匈奴之间事宜。陈豨被击溃后，之所以还能苟延残喘数年之久，与燕国暗中支持，有莫大关系。

刘邦刚开始对审食其的汇报还有些将信将疑，恰好此时，有些自匈奴过来之人称，张胜作为燕王密使，现在正活跃在匈奴，这无疑证实了审食其的侦察结果是可靠的。

被最信赖之人背叛，刘邦的愤怒可想而知，他于高帝十二年（公元前195年）三月，下令樊哙率军征讨燕国，后来，又改周勃为主将，替代樊哙出征。

周勃大军一路长驱直入，势如破竹，攻下蓟（今北京东南），大破燕军。卢绾率领家人和数千骑兵出逃，潜伏在汉匈边境的长城一带。

从内心讲，卢绾从未想背叛刘邦，他的所作所为，只为求自保而已。他还想等有机会，有朝一日亲赴京城，向刘邦当面澄清。

可是直到刘邦病逝，两人终究没有见面。

卢绾无奈之下，投靠了匈奴，死于大漠草原，享年六十三岁。

平叛、返乡和毁誉自保

卢绾事件对刘邦刺激太大，好兄弟都背地里搞阴谋，还有什么人值得信任，如今，他除了相信手中权力，不再相信任何人。

征讨陈豨时，彭越生病没法随行，刘邦很恼火，派使者前往梁国申斥彭越，彭越害怕了，打算亲自到京城请罪。

彭越属下将领扈辄劝他："大王刚接到皇帝命令不去京城，如今，被皇帝责备了才去解释，您不觉得有点晚了吗？"

彭越说："那你说该怎么办？"

扈辄回答道："现在去京城，无疑自投罗网，反正皇帝已对您起疑，不如索性豁出去反了！"

彭越虽有些心动，但犹豫不决，下不了决心，便继续在家称病。不料保密不到位，二人谈话被彭越太仆听到了，他恰好犯了事，自知难逃罪责，就跑到京城，揭发彭越谋反。

趁着彭越尚未行动，刘邦出其不意，奇袭梁国，活捉了彭越，押回洛阳。

不过，刘邦念及彭越战功，不忍心杀他，遂特赦彭越死罪，贬为庶民，流放蜀郡青衣县（今四川省名山县北）。

彭越从洛阳出发，押往蜀地，向西走到郑县（今陕西华县）时，恰好碰上从长安前往洛阳的吕后。彭越觉得自己太委屈，向吕后哭诉辩解，说现在他不敢奢求太多，只想放他回故乡昌邑，以度残年。

吕后当场很痛快地答应下来，说回到洛阳，一定会为彭越求情。彭越满怀感激地跟着吕后，一起返回洛阳。

哪知道，吕后一到洛阳，就立即翻脸，反而劝刘邦为防止遗祸后世，应立刻杀掉彭越。

刘邦此时还有些顾虑，作为皇帝说话不算话，出尔反尔，让天下人怎么看。

吕后说："这还不简单，指使彭越门客告他再次阴谋造反，廷尉王恬开呈报请诛灭彭越三族。"

刘邦没有再反驳，批准诛杀彭越，灭其家族，下令将彭越头颅挂在洛阳城门上方示众，其肢体被剁成肉酱，送到各个诸侯那里，警告他们不要对皇帝有二心。

彭越肉泥传到淮南国时，英布正在围猎。看着盘中一团肉泥，英布不免兔死狐悲，他预感到自己将成为刘邦下一个下手的对象。

于是，英布开始暗中谋划造反，可还没等做好完全准备，就被人揭发了，事情的起因缘于一桩捕风捉影的绯闻事件。

英布有个爱妾爱生病，常到宫外一位医师家中治病，中大夫贲赫和医师家住对门，为了巴结英布，贲赫趁着爱妾去医师家的机会，送了许多厚礼，有时还逗留医师家，陪她一起饮酒。

英布爱妾得了人家好处，免不了在英布枕边说说贲赫好话。

次数多了，英布起了疑心，怀疑自己女人和贲赫有暧昧关系，一怒之下，下令逮捕贲赫。

不料，贲赫提前得到风声，跑到长安，告发英布要造反。

得知贲赫潜逃，英布便杀死贲赫全家，起兵造反，先出兵向东攻下荆国，荆王刘贾逃至富陵被杀。

英布收编了荆国部队后，渡过淮河攻击楚国，楚兵分三路，在徐、僮之间（今安徽泗县、宿县一带）迎击英布。英布集中兵力攻其一路，然后各个击破，击溃了楚军后，英布继续一路向西挺进。

英布造反后，刘邦调集上郡、北地、陇西的骑兵和巴、蜀两地的预备军队，与京师中尉的军队三万人，作为太子警卫部队，一起集结驻扎霸上，拱卫京城，然后决定亲征英布。

大臣们齐往霸上，为皇帝送行。张良不顾重病，也强撑着赶来送行，君臣二人握手唏嘘良久，张良送至曲邮（今陕西临潼县东七里）停下脚步。

临别之际，刘邦将太子托付给张良，希望他在自己出征期间辅佐好太子，保证关中大后方无事。

刘邦率大军行至蕲县以西会甀（今安徽宿州市埇桥区大营镇）时，与英布叛军相遇。英布起兵后，一路凯歌，士气正旺，刘邦见英布兵强马壮，不敢贸然交战，暂躲入庸城（在今安徽宿州市南蕲县镇西）壁垒，以避锋芒。

刘邦从壁垒上远远望去，见英布军容布阵与当年项羽一模一样，仿佛项羽再生，楚军重集一般，勾起了他对许多不堪回首往事的记忆，心中既嫉恨又厌恶，可又忌惮和无奈，便远远地问英布："你何苦要造反呢？"

反正都扯旗造反了，就没必要藏着掖着，英布很干脆回答道："我也想过把皇帝瘾！"

话说得很直白，完全没把刘邦放在眼里。

刘邦被激怒了，一时顾不了太多，当场下令开战。战争异常惨烈，混战中，刘邦被叛军流矢射伤，血流不止。

就在千钧一发之际，齐王刘肥和国相曹参率十二万大军赶来蕲北参战，汉军一时气势大振。

车骑将军灌婴接连斩杀英布三员大将，与曹参兵合一处后，进击英布北翼，英布上柱国和大司马之军被接连击败，汉军渐渐占上风，乘胜又击溃叛军别将肥诛，俘虏一名左司马，斩杀十余名将校。

眼看大势已去，英布再无心恋战，率残部南撤，等渡过淮水时，身边只剩下一百余人，只得仓皇往江南逃窜。他联系到大舅哥长沙王吴臣（吴芮之子、吴芮之女嫁给英布），请他助自己一臂之力。

吴臣回信称，愿陪妹夫到南越避难。但实际上骗了他，根本没有行动。

英布逃到兹乡（今江西鄱阳地区），在一处民宅休息时行迹败露，被当地百姓杀死，时在高帝十二年（公元前195年）冬十月。

吴臣用英布的人头，向皇帝证明了自己的忠诚，刘邦也大度宣布长沙王完全不用担心，韩信、彭越、英布被诛灭，是他们犯上作乱，自取灭亡，而非自己刻薄寡恩，不容功臣。

其实，长沙国实在弱小，根本无力对朝廷构成威胁，刘邦也乐于保留这样一个政治点缀物。

自燕王臧荼叛乱以来，刘邦历时七年，至此，终于完全剪除了异姓王的威胁。

多年的征战，严重损害了刘邦的健康，年纪渐长，加上多次负伤，他有一种预感，上天留给自己的时日不多了。打败英布之后，刘邦决定顺道回趟沛县老家，想在人生最后时光，回到养育自己的土地去看看。

高帝十二年（公元前195年）冬十月，刘邦阔别故乡多年后，回到了沛县。

元曲作家睢景臣以刘邦重返沛县为题材写了元杂剧《高祖还乡》，通过一个熟悉刘邦身世的乡邻视角，对他极尽嘲讽之能事，刻画了刘邦作威作福的丑态。

然而，刘邦此次回到故乡，心情其实很沉重，甚至有些伤感。一个人离家久了，就会怀念故土，此乃人之常情。项羽渴望衣锦还乡，刘邦何尝不是，虽说已是九五之尊，但一身伤残，故友旧属纷纷背叛，人在高处不胜寒，内心无奈和凄苦又能与谁去说？

算了，烦恼事暂抛一边，还是和乡邻说点贴心话吧。

刘邦在沛宫大摆宴席款待乡邻，酒酣之际，刘邦亲自击筑，高歌曰：

大风起兮云飞扬，

威加海内兮归故乡，

安得猛士兮守四方！

一曲唱罢，刘邦意犹未尽，遂趁着酒意起舞，感慨万千之际，不觉潸然泪下，举杯动情地对故乡父老说："游子无论走多远，但一颗心永远牵挂着故乡，我现在虽身处关中，但心无时无刻不和乡亲在一起，梦中皆是故乡的山水。将来我去世后，魂魄一定会回到沛县故地。当年，朕从沛县出发，兴义兵，诛灭暴秦，终得天下。在此，我宣布沛县为朕的汤沐邑，免除父老徭役，世世代代不用向朝廷缴纳赋税。"

在老家的时日，是刘邦这些年来最为快意的日子。然而，他随行人员太多，这么多人吃喝拉撒是一笔庞大的开销，多停留一天，就等于给乡亲们增加一日的负担。

十天后，刘邦决定走了。

听说刘邦要离开，沛县乡亲们都明白，他再也回不来了。全城百姓倾城而出，聚于城西，献上牛和酒，挽留刘邦，希望他再住几日。

盛情难却之下，刘邦又与乡亲们欢饮三天。

沛县是刘邦起兵的地方，但真正论起来，丰邑才是他的出生地，只是当初丰邑之人帮助雍齿，背叛了刘邦，一度害得他差点无家可归。

虽说时过境迁，但刘邦这个心结依旧难以解开。

乡亲们趁刘邦喝酒心情不错时，请求他一并免除了丰邑的徭役。刘邦本来兴致勃勃，但一听为丰邑求情，立马就不高兴了，冷冰冰地说："丰邑是生我养我的地方，我是不会忘的，可丰邑背叛我，追随雍齿，帮助魏国，此恨实在难以忘怀，实难同意。"

不过，在大家反复哀求之下，最后，刘邦还是同意免除了丰邑徭役。

刘邦辞别故乡，经过一个月旅途，终于返回长安。

在长安郊区，一群人拦路状告相国萧何欺压百姓，强买京郊周围数千户百姓的田宅，希望皇上为大家做主。

众人本以为刘邦听后会很生气，不承想他却哈哈一笑了之。

作为大汉相国，萧何的治国才能是无人能比的，而作为朝廷百官首脑，他是除了皇帝外最有权力之人，可以说，他距离皇权只有一步之遥。

所以，对于萧何，刘邦既离不开，又要时刻提防着。在出征陈豨期间，刘邦常派人慰问萧何。看着似曾相识的一幕又出现了，萧何马上明白皇帝还是不放心他，所以，当大臣们前来道贺时，萧何苦笑了一下，下令家人将府中凡是值钱的东西全都翻出来，统统送到前线充军费。

陈豨结束之际，萧何出卖了韩信。

刘邦回来后，为他增加食邑五百户，算是一种奖励，同时又给他派了一支五百人的护卫队。

此事表面看，是为了保护萧何的安危，毕竟韩信掌握大汉三分之二军权多年，朝野肯定有不少支持者，为防止他们报复，加强萧何的安保力量是必须的。

但实际上，还有一种可能，刘邦鄙视萧何出卖韩信，韩信是萧何亲自推荐的，而后又命丧他手里，对于这种做法，他是看不起的。

你可以出卖韩信，也许有一天你也会出卖朕！

所以，给萧何增加护卫，可以理解为为了保护他，也可以理解为为了监控他。

以往刘邦出征时，都将太子托付给萧何，但陈豨之乱后，征讨英布时，他将太子刘盈交给了张良，萧何看在眼里，可谓冷暖自知了。

多年来，刘邦在外征战，萧何勤勤恳恳，将关中治理得井井有条，为刘邦提供了稳定的大后方，民间对萧何评价很高。

一位门客提醒萧何，当一个臣子声望太大，足以超过皇帝时，就很麻烦了。您现在位居相国，位极人臣，皇帝已经赏无可赏了，但您还如此为国勤勉做事，民望一日高过一日，要是您是皇帝，又该如何办？恐怕只有灭您全族，永绝后患！

如果您还想活命，赶紧与民争利，多买田产，把自己搞臭了，皇帝对您也就放心了。

为了保命，萧何只能昧着良心干坏事了，设法抢夺百姓田产，几番操作后，百姓心中那个老成谋国的萧相国，变成人人唾弃的大贪官。

因此，面对民怨沸腾，刘邦不但不怒，反而窃喜。

当萧何前来拜见时，刘邦将百姓的揭发信扔给他，调侃说："没想到啊，连相国都打百姓主意了，这可是稀罕事啊！"

萧何连忙谢罪，刘邦揶揄道："我才懒得理，你惹的祸，自己看着办，要请罪，还是亲自去向百姓们解释吧！"

此事，最终不了了之了。

然而没多久，萧何又将刘邦惹火了。

长安附近地少人多，百姓耕地有限，而上林苑作为长安近郊的皇家禁苑，规模极大，方圆数百里。萧何觉得为了供皇帝游猎，将如此大面积土地荒芜着实在可惜，提议刘邦是否开放部分土地，供民众垦荒耕种。

刘邦勃然大怒："相国你胆子好大，竟敢打朕上林苑主意，定是私下拿了奸商好处。"命令将萧何交付廷尉，严刑审讯。

如何处置萧何，廷尉府犯难了。

几天后，有位姓王的卫尉，去探刘邦口风。

刘邦余怒未消地说："我听说，始皇帝时期，李斯为丞相，有功归皇帝，过错揽到自己身上。他萧何倒好，收取奸商钱财，为他们说话，分明拿了他人好处，为自己捞好名，让我背恶名。"

王卫尉明白怎么回事了，便说："为百姓谋利，是宰相分内之事，陛下为何怀疑相国私收商人钱财呢！相国若真想谋利，陛下带兵在外这些年，他只要动动手脚，函谷关以西，恐怕就不归陛下所有了。始皇帝要是知道自己过错，会丢掉天下吗？一对亡国君臣，有什么值得效法！"

刘邦听后，心中很不痛快，但还是派人放了萧何。

从牢里出来后，萧何赶紧到宫中谢恩。

刘邦见萧何光着脚，远远跪在地上，向他请罪，心中有些过意不去，便说了些宽慰的话，让他赶紧起来。此事后，君臣二人总算相安无事了。

争储、四个老头和寂寞身后事

返回长安之后，刘邦病情日渐加重。

吕后到处寻医问药，觅得一位名医，引荐给刘邦。

医生为刘邦诊断后，劝慰说："陛下只需安心调养休息，相信会一天天好起来的。"

刘邦知道大限将至，医生的话，不过是宽慰人罢了，便骂道："我以一介布衣提三尺剑夺得天下，大丈夫在世，生死有命，现在就算扁鹊重生，对我病情也会束手无策，何况像你这样的无名庸医！"

遂让人赏赐医生五十金，打发出宫，此后，他拒绝配合治疗。

刘邦数次死里逃生，早已淡看生死。相比死亡，他更担心身后事，他走后，大汉王朝的命运如何，他有些放心不下。

刘邦目睹了强大无比的大秦帝国之崩溃，可不想自己亲手打下的汉家江山重蹈覆辙。他现在最大的忧虑是没有一个优秀的继承人。

太子刘盈太过文弱，将好不容易才打下的江山，交到他手中，刘邦有些不放心。如今大汉表面风平浪静，实则危机四伏，外有匈奴虎视眈眈，内有元老重臣手握大权，他能应付得过来吗？

刘邦本来看好戚夫人所生之子赵王刘如意，觉得他虽年幼，但举手投足之间，颇有自己风范，因此他曾数次想废掉刘盈，改立刘如意为太子。

可是，此举遭到了群臣们强烈反对。刘邦一气之下，干脆躲在宫中，拒绝见人。周勃、灌婴等人想入宫觐见，都吃了闭门羹。

时间一天天过去了，转眼间已是十几日。

樊哙按捺不住了，径自闯入宫去。群臣见状，也跟了进去。

樊哙见刘邦一人独卧，头枕在一名宦官腿上假寐。

樊哙鼻子一酸，流泪道："回想当年，陛下与臣等一起起事，纵横天下，是何等英武雄壮！没料到如今天下初定，陛下却已如此颓唐，群臣得知陛下病重，无不心急如焚，朝堂上国事积累如山，陛下却忍心拒见臣等，难道就让这个宦官陪你到死吗？赵高篡权的前车之鉴不远，陛下这么快就忘了吗？"

刘邦苦笑一声，只能强拖着病体，重新理政。

英布叛乱时，刘邦曾想让太子刘盈代替自己去平叛，让他去历练一下，在战争中树立威望。

吕后得知后大吃一惊，儿子性子文弱，从未有统兵打仗经验，且不说英布这样的悍将，哪是他能对付得了，就是朝中那些重臣宿将们，要是没有刘邦亲自坐镇，他岂能指挥得动？

因此，万万不能让儿子出征，平叛英布还得要刘邦亲自出马才行。

可是，吕后知道，如今他们夫妻二人，早已生疏。她的话，刘邦岂能听得进去，环顾朝堂，如今能改变皇帝主意的恐怕也只有张良了。

她本人不方便出面拜访朝臣，所以让二哥建成侯吕释之到张良府讨主意。

张良闭门不出已有时日，但吕释之到访，他又不能不见，只能在病榻上接待了他。

"陛下想换太子，先生作为皇帝重要谋臣，发生如此大事，怎能装聋作哑，躺家里睡大觉，不闻不问呢？"吕释之语气间略带责备之意。

张良是个绝顶聪明之人,他目睹了刘邦诛杀韩信、打压萧何。功臣们无不战战兢兢,他现在只想在家避世养病,不想再掺和朝堂之事。

面对吕释之的责难,他一脸为难地答道:"当年皇帝身处险境,才听我的一些意见,如今天下已定,我的话皇帝未必听。况且废立太子,无论换哪个,都是皇帝亲生骨肉,我只不过是个外人罢了,别说我劝谏,就是像我这样百人集体上书反对,皇帝也未必听得进去啊!"

吕家未来富贵和合族性命全都寄托在太子身上,吕释之哪是三言两语就能糊弄得了。他早已打定主意,非得逼着张良出个招才行。

张良没法子,只好说:"先前秦朝时,有四位大贤,分别叫东园公、绮里季、夏黄公、甪里先生,皇帝也很仰慕他们,大汉建立之初,就曾派人相邀,希望他们出山为朝廷效力。只是这四人年事已高,加上皇帝傲慢待士,动辄谩骂儒生,所以他们效法伯夷叔齐,不肯向大汉称臣,跑到商山隐居起来,世称商山四皓。如果您能设法让他们出来辅佐太子,必然会加重太子在陛下心中分量,但去邀请时,一定要做到态度谦和、礼数周到。"

吕释之回去后,就将张良的主意转述给吕后,吕后立刻派人带上厚礼,以太子刘盈名义诚恳请商山四皓出山,不知是张良在背后运作,还是被太子诚意打动,商山四皓最终答应出山了。

迎商山四皓到长安后,吕释之先将他们接到自己府上,每日殷勤伺候,后引荐给刘盈,成为太子座上宾。

商山四皓说:"太子征讨英布赢了,没大用处,太子已是储君,无法再升迁,但要败了,肯定有损太子威望,成为他人攻讦的把柄,赶紧让皇后到陛下面前哭诉,就说英布勇武名扬天下,我方将领多是跟随陛下一起出生入死的悍将,让太子指挥他们,无疑以羊驱狼,必然难以驾驭。陛下虽病重,但为了妻儿安危,姑且勉为其难了,只要陛下临阵,哪怕躺在车上指挥,将士们焉能不用命!"

吕释之连夜进宫,转达了商山四皓的意见。为了儿子,吕后豁出去了,套用四位老先生的话，声泪俱下地苦苦哀求刘邦。

刘邦疾病缠身，心情很差，又恨儿子不顶事，但别无他法，只好无奈又赌气地说："我本就没指望这臭小子，看来还得我亲自去。"

经过此事后，刘邦更加觉得刘盈是个无用的窝囊废，难以指望他挑起大梁，所以，这次他一回到长安，就下定决心废掉太子。

朝中大臣们，多是跟随刘邦从沛县出来的军功阶层，相比戚夫人刘如意母子，无论出于个人情感还是出于自身利益考量，他们当然更接受刘盈，所以他们再次站出来，齐声反对废立太子。

就连久不露面的张良和叔孙通都罕见出面劝谏。叔孙通现在不过是个太子太傅闲差，没有实权，但一改以往圆滑，向刘邦历数晋献公废黜太子造成晋国几十年内乱、始皇帝迟迟不定扶苏为太子导致大秦覆灭等历史往事，劝他从历史中吸取教训，切不可重蹈覆辙。

叔孙通越说越激动："皇后与陛下是贫贱夫妻，与您患难与共多年，太子仁孝，没有大过失，怎可轻率背弃皇后，废长立幼呢？如果陛下执意这样做，请先杀了我，我愿将一腔热血洒在陛下面前！"

眼看叔孙通不惜摆出豁出老命的架势，刘邦只好笑着敷衍说："我就是开个玩笑罢了，看把你急的！"

叔孙通却没笑，严肃地说："太子是国之根本，如此大事，岂能拿来开玩笑！"

刘邦拗不过，只好答应不再提废长立幼了。

然而，刘邦嘴上答应了，内心并不死心。

从诛杀韩信和彭越，他已领教了吕后的心狠手辣，若不废掉刘盈，自己一死，戚夫人母子二人断无生路，要保住戚夫人母子，最好办法就是立刘如意为太子。

为母则刚，为了保住自己儿子，戚夫人和吕后之间的斗争，已是你死我活。戚夫人围着刘邦，日夜哭泣不止，劝他早下决断，救救她们母子，搞得刘邦心烦意乱。

吕后也没闲着，加紧联络朝臣，壮大吕氏外戚力量。

樊哙娶了吕后妹妹吕媭，当然属于吕氏外戚力量。

在征讨卢绾时，刘邦之所以临阵换将，用周勃换下樊哙，就是有人告发樊哙与吕后勾结，等皇帝一死，就对赵王刘如意下手。

刘邦非常恼火，命令陈平与周勃同车快速追赶大军，一到军中，就立刻处死樊哙。

陈平比较聪明，觉得皇帝病重，驾崩是早晚之事，未来朝局怎么样，谁也说不清，在局势尚未明朗之时站错队，是会付出沉重代价的，现在杀了樊哙，皇帝死后，若吕后掌权，怎么跟她交代？

两人商量一番后，决定将樊哙暂打入囚笼，押送回长安交给皇帝，是杀是剐让刘邦自家看着办，只要咱们撇清了，吕后也赖不到我们头上。于是，周勃去平叛，陈平押着樊哙回长安。

可是人还未到长安，就传来刘邦驾崩的消息。

刘邦至死，也没有做到废长立幼。

最终让他彻底放弃废太子念头的，是一场宴会。

那是刘邦生平最后的宴会，太子刘盈也出席了，陪他赴宴的就有商山四皓。

刘邦见儿子身后陪侍的四个老头，须发皓白，身穿白袍，个个精神矍铄，宛如仙人临凡一般。

刘邦一问，才知道他们就是传说中的商山四皓，吃惊之余，问道："我三番五次邀请，你们都不肯现身，为何和我儿子到一起了？"

四人回答道："陛下看不起士人，还爱骂人，我们这把年纪了，实在不想受人羞辱，只好避而不见。如今听说太子仁孝，又敬重士人，天下人都愿为太子效力，就算去死也在所不辞，因此，我们也愿意出来辅助太子。"

刘邦听后，讪讪一笑说："那就有劳各位多多指教一下太子！"

四位老头给刘邦敬酒后，便缓缓离去。

看着四人远去的背影，刘邦瞬间似乎都懂了。

商山四皓冠冕堂皇说辞的潜台词是，太子根基已经牢固了，而其实际操控之人定是吕后，她赢得了朝中大臣支持，连这些遗民意见领袖都收买了，看来想废黜刘盈太子之位，已不可能了。

那一刻，刘邦感到前所未有的沮丧。

等众人散去后，他叫躲在屏后的戚夫人出来，无奈地说："太子羽翼已丰满，恐怕再也动不了了。"

戚夫人绝望了，唯有号啕大哭。

刘邦说："事已至此，哭也没有用了，不如你给我跳一段家乡的楚舞吧，我给你伴唱。"

戚夫人忍痛起舞，刘邦击筑高歌：

> 鸿鹄高飞，
>
> 一举千里。
>
> 羽翮已就，
>
> 横绝四海。
>
> 横绝四海，
>
> 当可奈何？
>
> 虽有矰缴，
>
> 尚安所施？

舞尚未跳完，戚夫人已哭得收不住声了。不过，刘邦却渐渐冷静下来，现在想要阻止吕氏势力，已不可能了，那么，只能另做打算，设法保住刘如意的性命。于是让年仅十岁的小儿子抓紧时间赴赵国就国。

现在，唯有期盼刘如意远离长安这个是非之地后，能够做个普通诸侯王，平安度过一生吧。令刘邦稍微感到慰藉的是，赵国国相周昌为人耿直，相信他能扛得住压力，保全孩子的性命。

送走刘如意后，刘邦召集群臣，交代国事，现场杀死一匹白马，君臣共同歃血为盟，约定"非刘氏而王，天下共击之"。

刘邦最担心的不是他人，而是吕氏外戚。吕氏权力日渐稳固，已无法扳倒了，只能希望用誓言震慑他们，不要危害自己子孙。

然而，历史一再证明，誓言盟约从来靠不住的。或许，刘邦自己也不见得相信，但他现在能做的只有这么多了。跟大臣们交代完后，吕后来了。对刘邦，她曾爱恨交加，但现在无所谓了，看着眼前这个苍老的男人，她心中再没有丝毫的温情和不舍，二人对望，默然良久，不知说什么好。

最终还是吕后打破了沉默，语气冷冰冰的，向刘邦请教他身后的权力交替事宜。

"陛下百年之后，萧何相国也时日不多了，陛下认为相国一职谁来接替比较合适？"

"曹参可以接任。"

"那么曹参之后呢？"

"王陵可以接班，只是他性子太耿直，陈平可以在一旁给他搭把手。至于陈平嘛，智谋有余，果断不足，难以独自挑起重任。另外，周勃此人虽然话不多，但为人敦厚，将来国家有难，能够安定刘氏天下的必然是他，太尉一职就让他担任。"

"那么，以后呢？"吕后继续问道。

曹参、陈平、王陵、周勃这些人都是跟刘邦一起打天下的老臣，差不多都年事已高，而且多是久经征战，身体不太好，吕后觉得他们都维持不了多久。

刘邦淡淡说了一句："以后之事，就不是你能操心得了的。"

高帝十二年（公元前195年）四月二十五日，刘邦驾崩于长乐宫，享年六十二岁。

三天后，朝廷宣布刘邦驾崩丧讯。

五月十七日，葬于长陵，尊庙号太祖，上谥号高皇帝，在历史上习惯称他为汉高帝。

后　记

刘邦去世当年，太子刘盈继位，是为汉惠帝，大权尽落入吕后手中，她残忍地杀害了戚夫人，赵王刘如意这个刘邦生前最疼爱的儿子终究也没有逃脱吕后魔掌。

权欲炽烈的吕后，置白马之盟不顾，大肆封吕氏子弟为王。

八年后，吕后病逝，周勃等老臣一举粉碎了吕氏势力，迎接刘邦四子代王刘恒继承帝位，汉朝社稷重新回到刘邦子孙手中。

一切如刘邦生前所料，历史再一次惊人地证明了刘邦的政治预见。

由于秦王朝短命，刘邦创建并在他子孙手中壮大的大汉王朝，成为中国历史第一个绵延四百年的统一大帝国，无论是政治制度还是思想文化，都对中国乃至世界产生了极其深远的影响。

刘邦的王朝早已在历史长河中烟消云散，但它的影响力至今犹在，时至今日，我们这个文明古国的多达十亿人口的主体民族以他创建的王朝命名，在这个星球上使用最多的语言文字之一，仍然以他的王朝命名。

汉作为一个伟大的帝国，其最强盛时，疆域东起朝鲜半岛，西至中亚费尔干纳盆地，北方直达大漠草原，南部至今日中南半岛，基本奠定了今天中国版图的雏形。

从某种意义讲，今天中华民族能够拥有如此广袤的国土，应该感谢大汉王朝给后世子孙开拓了广阔的生存家园，虽然在之后的两千年间，我们历尽沧桑，久经磨难，但从未退缩。

"汉"作为一个令我们骄傲的名字，它的文明光辉在东亚大陆上已挺立千秋。对汉王朝的缔造者刘邦，我们不应该遗忘，或者说也从来未曾遗忘。

与夏、商、周、秦不同，这四大王朝的创建者无不出生于一个拥有数百年甚至长达千年的古老家族，他们树大根深，在前人的基础上顺理成章地完成了朝代更替。而刘邦则不然，他是中国历史上首个真正意义上的草根皇帝，他来自社会最底层，通过数年的奋斗，消灭了强大的秦王朝，战胜了不可一世的项羽。纵观古今中外，能像他这样实现巨大人生逆袭者，可谓凤毛麟角，以至于汉朝当时之人都无法说得清，只能用天命眷顾来解释。

说实在的，刘邦这个人，在历史上是不大讨人喜欢的，他出身市井，染上一身无赖习气，贪酒好色，毛病不少，看不起知识分子，动辄骂人，没几个人受得了。

然而，刘邦能得天下，看似偶然，实则与他的政治才干密不可分。

他能够审时度势，抓住机会壮大势力，能知人善任，张良、萧何、韩信、陈平、曹参这些人，要么曾经是他的上司，要么来自他的对手阵营，都是顶级聪明之人，但都心甘情愿为刘邦所用，刘邦的人格魅力和组织能力可见一斑。

刘邦起点很低，四十几岁混迹社会底层，被人瞧不起。他举兵起事时，已经四十七岁，年近半百了，在秦末群雄中，没有人看好他，但他一步一个脚印，逐渐壮大。

刘邦的一生历经无数次挫折，无论是鸿门宴历险，还是封王巴蜀、兵败彭城、鏖战荥阳，他一次次败北，但又一次次从逆境中站起来，反败为胜。其中原因是多方面的，但他敢于承认自己不足，勇于改正错误，是他成功实现人生逆袭的重要原因，并不是每个人都能做到这样。反观项羽，无论个人素质还是团队实力，都远超过刘邦，但只因刚愎自用，最后身败名裂，贻笑后世。

刘邦仰慕信陵君魏无忌，这一点终生未改，他称帝后还派人祭祀和维护信陵君陵墓。他骨子里颇有一股侠者风范，就是做了皇帝，依然我行我素，没有丝毫做作之态，喝酒、骂人、唱歌皆出乎本性。

一个人立于天地间，敢爱敢恨，敢作敢为，知错能改，在逆境中不言弃，不死要面子，能够不墨守成规，勇于随机变通，不断从失败走向成功，从挫折迎来胜利，这才是大丈夫、真英雄！

他并不完美，但嬉笑怒骂皆出性情，正因为如此，方显得他是血肉之躯。

刘邦，他来人间大闹一场，然后欢腾而去。